꼭 알아야 할 **컨택과 방어전략**

꼭 알아야 할
컨택과 방어전략

초판 1쇄 발행 2005년 10월 05일
초판 8쇄 발행 2019년 8월 05일

지은이 류동순
펴낸이 여상호
펴낸곳 엔타임
디자인 하순진

주소 서울시 송파구 삼전로 1길 12 경진빌딩 2층
전화 02-501-9016 **팩스** 02-564-1618
출판등록번호 제 16-3429 호

COPYRIGHT©2005 by n-time
ISBN 978-89-91424-08-2 (03320)

• 책값은 뒤표지에 있습니다.
• 잘못 만들어진 책은 구입하신 서점에서 교환해 드립니다.

저작권법에 의해 보호를 받는 저작물이므로 당 출판사의 허락 없이 무단 전제, 복제, 전자출판 등을 금합니다.

꼭 알아야 할

컨택과 방어전략

류동순 지음

엔타임

서문 8
이 책의 활용법 11

제1부 「질문」의 진정한 의미와 「답변」의 핵심 포인트

1. 네트워크 마케팅에 대해 오해와 편견을 갖게 되는 원인 16
2. 「질문」은 '더 알고 싶다'고 호소하는 의사 표시이다 21
3. 꼭 알고 있어야 하는 「답변」의 핵심 포인트 27

제2부 컨택 현장에서 실천해야 하는 「답변」의 노하우

1. 만나는 순간, 이미 메시지의 전달이 시작된다는 사실을 알고 있어야 한다 38
2. 상대방의 질문을 끝까지 경청하고, 질문에 숨어있는 진정한 의미를 파악한다 40
3. 상대방의 질문에 이해해주고, 동감해주고, 확신을 전달한다 45
4. 상대방의 마음을 열기 위한 질문을 한다 48
5. 효과적인 답변의 화법 테크닉 52
6. 상대방의 반응에 따른 각기 다른 대처 방법 55
7. 마무리에서 강요를 해서는 안 된다 57

제3부 자주하는 「질문」과 「답변」의 실제적인 사례

1. 오해·편견을 갖고 하는 비판적 의견 62
   그거 피라미드 아닌가? 63
   왜, 하필 그런 일을 하느냐? 69
   나는 세일즈를 싫어하고, 하고 싶지도 않다 79
   다른 사람들을 이용하여 돈을 버는 것이 아닌가? 92
   친척이나 친구에게 피해를 주는 것은 아닌가? 97
   먼저 시작한 사람이 유리한 것 같다 103
   아는 사람들 중에서 실패한 사람이 있다 106
   돈 벌었다는 사람을 못 봤다 111
   돈벌이가 느리다 113
   제품 가격이 비싼 것 같다 120
   장려금을 지불하기 때문에 비싼 것이 아닌가? 121
   포화상태가 되는 게 아닌가? 124
   어려운 사람들만이 하는 것으로 알고 있다 125
   사이비 종교와 같은 느낌이 든다 128
   언론에서 문제가 있다는 뉴스가 나오더라! 129

2. 개인적 사정을 핑계로 하는 거절 131
   안정된 직장에서 근무하고 싶다 131
   시간이 없다, 바쁘다 137
   가족과 함께 보내는 시간을 빼앗기가 싫다 144
   아는 사람이 별로 없다 145
   말주변이 없다 147
   경험이 없어서, 자신이 없다 149

주변 사람들이 어떻게 생각할까 걱정이다 153
나에게는 어울리지 않을 것 같다 160
사회적 체면 때문에 할 수 없다 161
집사람(남편)이 반대할 것 같다 163
돈을 충분히 벌고 있기 때문에 할 필요가 없다 167
투자할 돈이 없다 169
아이가 너무 어리다 170
관심이 없다 176

3. 좀 더 상세하게 알고자 하는 사람들의 질문 179
파트타임으로 가능한가? 179
쉽게 돈을 벌 수 있나? 186
너무 어렵다는 생각이 든다 188
나 같은 사람도 성공할 수 있겠는가? 190
집안 살림만 하던 아줌마도 할 수 있을까? 195
지금 너는 얼마나 벌고 있나? 199
왜, 광고를 하지 않는가? 200
가입비를 받거나, 도중에 그만두면 위약금 같은 손해는 없는가? 201

서문

어느 분야를 막론하고 큰 성공 앞에는 수없이 많은 장애들이 나타나기 마련입니다. 정상에 오르기까지에는 수많은 장애에 부딪치게 되고, 일이 순조롭게 진행되지 않는 경우가 흔히 있습니다. 그러나 위대한 성공을 거둔 사람들은 이러한 장애를 충분히 인식하고, 성공의 가능성에 대한 확고한 신념을 갖고 이를 극복한 사람들입니다.

네트워크 마케팅사업을 처음 시작하는 사람들의 경우에도 여러 가지 오해와 편견 속에서 어려운 시작을 하게 됩니다. 처음에는 네트워크 마케팅에 대한 주변 사람들의 잘못된 편견과 개인적 사정을 핑계로 하는 거절 때문에 난감하게 되는 경우가 흔히 있습니다. 이러한 경우에 어떻게 답변을 할지 몰라서, 제대로 답변 한마디 못하고 아까운 기회를 놓치는 경우가 있습니다.

다른 한편으로는 이제까지 들은 것은 나름대로 많아, 상대방에게 전혀 도움이 되지 않는 이야기만 장황하게 늘어놓고서는 아무런 소득도 없이 끝내는 경우도 있습니다. 이와 같이 상대방의 질문에 대해서 어떻게 답변을 해야 할지 모르거나, 설득력 있는 답변을 하지 못하고, 실패로 끝내고서는 그 때에 좀 더 설득력 있는 답변을 할 수 있었다면 하는 후회를 하게 되는 경우도 있습니다.

첫 단추를 잘 끼워야 합니다. 동일한 사람을 대상으로 하여 한 번 실패를 하고서, 두 번 다시 접근하는 것도 그리 쉽게 이루어 질 수 있는 것도 아닙니다. 모처럼의 만남에서 일을 망치는 것을 사전에 방지하여야 하는 것입니다.

이를 위한 방법이 있습니다. 이 책에서 당신은 그 방법을 알 수 있습니다. 이제까지 여러 성공자들이 수많은 시행착오를 거치면서 체계적으로 정리된 유용한 노하우를 길잡이로써 제공하고자 합니다. 성공자들의 검증된 노하우를 커닝해서 복제하여 실천할 수 있다면, 당신의 사업은 보다 빠른 기간 내에 목표에 도달할 수 있을 것입니다.

혹시 당신은 상대방이 무관심한 반응을 보이면, 심한 거절을 당하는 것보다야 낫지 않겠느냐고 생각할지도 모릅니다. 그러나 무관심은 심한 비판적 의견보다 훨씬 접근하기 힘이 들며, 상대방이 아직도 관심을 갖고 있지 않다는 것을 의미하는 것입니다.

우선 이 책을 통해서 상대방이 하는 질문(비판적 의견 · 거절)에 대한 유효성을 이해할 수 있게 될 것입니다. 상대방의 질문(비판적 의견 · 거절)은 상대방으로부터 「Yes」의 결정을 받아 내는 최종 목적지까지 가는데 필요한 공감대를 상대방과 함께 형성하는 안내판의 역할을 해 주는 것입니다.

그래서 상대방이 하는 질문(비판적 의견 · 거절)이 반드시 부정적인 반응만은 아니라는 사실을 알고 있어야 하는 것입니다. 상대방의 질문(비판적 의견 · 거절)을 당신의 열정과 메시지를 전달할 수 있는 좋은 기회로 활용하여야 합니다. 상대방이 질문(비판적 의견 · 거절)을 개진할 수 있는 환경을 만들어 주어야 합니다. 그리고 상대방으로부터 질문(비판적 의견 · 거절)이 나오면 회심의 미소를 지어 주십시오.

부디 성공하시기 바랍니다.

저자 류 동순 드림

이 책의 활용법

 우선「제 1부」에서는, 왜 많은 사람들이 네트워크 마케팅에 대해서 오해와 편견을 갖게 되는가에 대해서 그 원인들을 정리하였습니다. 이러한 원인들 때문에 발생하는 상대방의 질문(비판적 의견 · 거절)들은 반드시 부정적인 반응만이 아니고, "나는 아직 이해하지 못하고 있다. 그래서 더 알고 싶다."고 호소하는 의사표현입니다.

 이와 같이 상대방이 하는 질문(비판적 의견 · 거절)이 갖고 있는 진정한 의미와 이에 대한 설득력 있는 답변을 하기 위해서 기본적으로 꼭 알고 있이야 하는 몇 가지의 핵심 포인드에 대해서 실멍하였습니다.

「제 2부」에서는, 실제로 컨택(Contact : 초청과 만남)현장에서 상대방으로부터「Yes」를 성공적으로 받아낼 수 있는 확률을 높이기 위해서 실천하여야 하는 답변의 노하우에 대해서 설명하였습니다.

「제 3부」에서는, 먼저 많은 사람들이 네트워크 마케팅에 대해서 자주 하는 질문들을 「오해·편견을 갖고 하는 비판적 의견」, 「개인적 사정을 핑계로 하는 거절」, 「좀 더 상세하게 알고자 하는 사람들의 질문」 등 3가지 형태로 분류하여 제시였습니다. 이를 통해서 당신은 많은 사람들이 네트워크 마케팅에 대해서 진정으로 알고 싶어 하는 것에는 어떠한 것들이 있는가에 대해서 정확하게 파악할 수 있게 될 것입니다.

그리고 각 질문에 대해서 상대방에 따라 각기 다른 맞춤식 답변을 하는데 유용하게 활용할 수 있도록 다양한 내용의 답변으로 구성하였습니다. 또한 이러한 답변들이 상대방의 마음에 와 닿을 수 있도록 안내하기 위해서 질문의 주제와 관련된 핵심적인 메시지들을 보충하였습니다.

상대방의 질문(비판적 의견·거절)에 대한 성공적인 답변의 지침서로써 활용

당신은 좋은 파트너를 만나기 위해서 다양한 사람들을 만나야 합니다. 백인백색(百人百色)이라는 말이 있듯이, 당신이 만나고자 하는 사람들의 생활방식, 사고방식, 바라는 꿈 등은 각기 다를 것입니다. 특히 라이프 스타일이 다양화되고 있는 현대사회에서 천편일률적인 답변으로는 효과를 발휘할 수 없을 것입니다.

어떤 사람에게 효과적인 답변이 다른 사람에게는 전혀 도움이 되지 않는 답변이 될 수도 있습니다. 이러한 상황에 대비하기 위해서 이 책에서 제시하고 있는 다양한 답변의 사례들 중에서 상대방의 마음에 닿을 수 있는 적합한 답변을 선택하여 활용하기 바랍니다.

이를 통해서 언제, 어디서, 누구를 상대하더라도 질문(비판적 의견·거절)에 대해서 자신감을 갖고 답변을 할 수 있는 지침서로써의 역할을 할 것입니다. 또한 상대방으로부터 거절당할 것이라는 불안감도 해소할 수 있게 되어, 당신의 사업이 훨씬 빠른 기간 내에 성장하는데 도움이 될 것입니다.

네트워크 마케팅의 본질을 이해할 수 있는 입문서로써 활용

아직까지도 네트워크 마케팅에 대한 많은 편견·오해가 존재하고 있는 것이 사실입니다. 이 책은 이러한 편견·오해로부터 짧은 시간 내에 벗어 날 수 있도록 네트워크 마케팅의 본질에 대해서 이해할 수 있는 입문서로써 도움이 될 수 있습니다.

그동안 네트워크 마케팅에 대해서 의아하게 생각하였던 사항들에 대해서 객관적인 입장에서 이해하고, 진실을 발견하는데 효과적인 자료로써 활용될 수 있습니다. 특히 네트워크 마케팅에 대해서 관심을 갖고 있으면서 아직까지도 네트워크 마케팅의 비전 및 가능성에 대해 확신을 갖고 있지 못한 사람들에게 이 책을 전달하면 효과가 있을 것입니다.

초기사업자는 일주일에 한 번 이상 읽기를 권장합니다

이 책은 당신이 컨택 현장에서 성공적인 답변을 하기 위해서 알고 있어야 하는 핵심 포인트, 현장에서 활용할 수 있는 실제적인 노하우, 다양한 모범적인 답변을 제시하고 있습니다. 평소에 예상 문제를 많이 풀어 본 학생이 시험관 앞에서 당황하지 않고, 정답을 내놓을 수 있는 것과 마찬가지로 상대방의 질문에 대한 준비가 필요합니다.

이를 위해서 네트워크 마케팅을 시작한 초기에 성공적인 답변을 할 수 있는 능력을 키우기 위해서는 적어도 일주일에 한 번 이상 이 책을 읽기를 권장합니다. 그 후에도 성공자의 위치에 도달할 때까지 상대방의 질문(비판적 의견·거절)에 대해 자신감이라는 연료를 재충전하려면, 이 책을 적어도 한 달에 2~3회 이상 읽기를 습관화할 수 있도록 권장합니다.

제 1 부
「질문」의 진정한 의미와
「답변」의 핵심 포인트

1

네트워크 마케팅에 대해 오해와 편견을 갖게 되는 원인

최근에는 네트워크 마케팅에 대한 인식이 많이 바뀌고 있어서, 설명을 해주면 바로 알아듣는 사람도 있습니다. 그러나 아직까지도 네트워크 마케팅에 대해서 잘못된 오해와 부정적인 편견을 갖고 있는 사람들은 그 설명조차도 들으려고 하지 않는 경우도 있습니다.

네트워크 마케팅의 이야기를 꺼내기도 전에 "아, 그것 피라미드지 나도 좀 알고 있어!", "내가 아는 사람 중에서도 그것 때문에 망한 사람이 있어!", "왜, 하필 그런 일을 하려고 하느냐?" 하면서 부정적이고 빈정거리는 이야기를 흔히 들을 수 있습니다. 정말로 네트워크 마케팅만큼 실체를 제대로 알고 있지 못하면서도 마치 모든 것을 아는 척을 하는 경우도 드물것입니다.

이러한 현상은 네트워크 마케팅이 도입되고 성장하는 과정에서 제대로 알려지지 않고, 여러 가지 원인에 의해서 왜곡된 내용들이 부각되어 알려졌기 때문입니다. 이렇게 네트워크 마케팅에 대해서 오해와 편견을 갖게 되는 주된 원인들을 찾아보면, 다음과 같이 정리할 수 있습니다.

첫째로, 네트워크 마케팅에 대해서 오해와 편견을 갖게 되는 가장 큰 원인은 네트워크 마케팅이 법률적으로 인정되고 있다는 사실에 대해서 모르고 있는 사람들이 많다는 것을 들 수 있을 것입니다. 네트워크 마케팅은 「방문판매 등에 관한 법률」로 규제를 받고 있습니다.

여기서 중요한 것은 규제와 금지를 혼동하지 말아야 하는 것입니다. 피라미드와 같은 악덕상법은 법률적으로 금지되어 있습니다. 그러나 법률적 규제는 소비자들이 부당한 피해를 받지 않도록 보호하기 위해서 법률적으로 안전장치를 해 놓고 있는 것입니다.

따라서 건전한 네트워크 마케팅은 법률적으로 인정을 받고 있는 합법적인 것이지만, 피라미드 상법은 해서는 안 되는 불법적인 것입니다. 이러한 사실을 제대로 모르거나 피라미드와 혼동해서 잘못 알고서 생기는 여러 가지의 오해와 편견이 가장 큰 원인일 것입니다.

둘째로, 네트워크 마케팅의 기본적인 기법으로 활용하고 있는 복제·배수증가의 기법을 위장하여 악용하는 악덕업자들이 아직까지도 존재하고 있다는 사실입니다. 이들이 합법적이고 도덕적인 네트워크 마케팅의 기법을 부당하게 악용하여, 많은 피해자들을 만들어내기 때문에 사회적 문제가 되는 것입니다. 그러나 일부의 악덕업자들이 문제를 일으키고 있다고 해서, 업계 전체를 매도하고 부정적으로 생각하는 것은 지나친 편견이 될 수밖에 없는 것입니다.

셋째로, 네트워크 마케팅에서 실패한 주변 사람들의 실패담을 과장한 좋지 않은 소문에 영향을 받고 있는 것입니다. 어떤 일에서든지 반드시 성공자와 실패자는 구분되기 마련입니다. 실패한 사람들의 대부분은 네트워크 마케팅을 제대로 이해하지 못하고, 기본적인 원칙을 지키지 않았을 뿐만 아니라 행동으로 실천하지 않았던 사람들입니다. 실체를 제대로 알고, 진실 되게 한다면 성공하게 되어 있습니다.

그러나 인간은 다른 사람들의 긍정적인 성공 이야기보다는 잘되지 못한 부정적인 이야기에 귀를 기울이는 경향이 있습니다. 이는 긍정과 부정이 만났을 때 부정이 긍정을 지배하는 부정성 효과(negativity effect)라고 하는 것입니다.

그래서 일확천금의 꿈을 안고 불로소득을 기대하며 네트워크 마케팅을 시작하였지만, 제대로 해보지도 않고 "속았다, 속았다" 하면서 나쁜 소문을 퍼뜨리는 사람들의 이야기를 그대로 믿어 버리고 있는 것입니다. 다른 사업과 마찬가지로 네트워크 마케팅도 자신의 노력이 필요한 것입니다.

넷째로, 네트워크 마케팅에 대해서 호의적으로 보도하지 않는 매스컴의 영향도 무시하지 못할 것입니다. 일반적으로 언론은 독자들의 관심을 끌기 위해서 긍정적이고 선행적인 기사보다는 부정적인 사건이나 사고를 다루는 속성을 갖고 있습니다.

이는 네트워크 마케팅의 경우에도 마찬가지입니다. 네트워크 마케팅은 일반 평범한 서민들이 부자가 될 수 있는 기회를 제공해 주고 있습니다. 실제로 경제적 고통을 받던 사람들을 구제해 주며, 많은 사람들에게 희망과 삶의 보람을 주고 있는 것입니다. 그러나 매스컴에서는 이러한 긍정적인 측면을 제대로 보도하지 않고 있습니다.

이와는 반대로 오히려 어두운 측면만을 지나칠 정도로 부각시키고 있다는 느낌이 들 정도입니다. 하지만 일반대중들은 정확한 판단 기준을 갖고 있지 못하기 때문에 이러한 보도 내용을 그대로 믿어 버리는 경향이 있는 것입니다.

또한 네트워크 마케팅은 입소문의 구전광고를 통해서 제품이 유통되기 때문에 매스컴을 이용한 제품의 광고선전을 전혀 하지 않습니다. 만약에 광고선전을 하더라도 기업의 이미지를 알려주는 수준으로 아주 적게 합니다. 이에 반해서 일반 기업들은 광고선전을 위해서 매스컴에 엄청난 비용을 지출하고 있습니다.

매스컴들의 입장에서는 막대한 광고선전비를 지출해 주고 있는 큰 고객을 소중히 하는게 자기네 사업상 당연할 것입니다. 이러한 관점에서 매스컴 입장에서는 광고선전비를 전혀 지출해주지 않는 네트워크 마케팅 업계를 아무런 부담 없이 비난할 수 있는 것입니다.

다섯째로, 대부분의 사람들이 네트워크 마케팅에 대한 정보를 친구나 친척으로부터 전달받습니다. 여기에서 문제가 발생하는 것입니다. 네트워크 마케팅에 대한 경험이 전혀 없거나 부족한 초보자가 편견을 가진 보통사람들에게 전달하는 경우가 많기 때문에, 그 과정에서 많은 오해와 트러블이 발생하기 쉬운 것입니다. 이는 자동차에 대해서 전혀 모르는 사람이 자동차는 가솔린뿐만 아니라, 물로도 다닐 수 있다고 하는 등의 터무니없는 이야기를 전달하는 것과 마찬가지입니다.

2

「질문」은 "더 알고 싶다"고 호소하는 의사 표시이다

당신이 상대방의 질문에 대해서 '어떻게 인식하고 있느냐' 하는 것이 중요하다

혹시, 당신은 상대방이 「Yes」의 결정을 하기 전까지 하는 질문에 대해서 못마땅하게 생각하면서 듣거나, 그런 질문을 받는 것 자체를 싫다는 표정으로 답변을 해본 적이 있습니까?

그러나 네트워크 마케팅에 대한 오해와 편견은 아직까지도 네트워크 마케팅을 직접 경험하지 못하였고, 주변의 부정적인 소문만을 듣고 있었던 사람들에게는 매우 자연스러운 현상입니다. 당신은 네트워크 마케팅의 가능성과 제품에 대해서 충분하게 이해하고 있습니다. 그러나 상대방의 입장은 다릅니다. 그들은 당신만큼 명확하게 이해하지 못하고 있기 때문에 이러한 현상은 아주 당연한 것입니다.

여기서 가장 중요한 것은 당신이 어떠한 자세로 상대방의 질문

(비판적 의견 · 거절)에 대해서 인식하고 있는가 하는 것입니다. 상대방이 하는 모든 질문(비판적 의견 · 거절)이 반드시 부정적인 반응만은 아니라는 사실을 알고 있어야 합니다. 그래서 당신은 상대방이 하는 질문(비판적 의견 · 거절)을 긍정적인 자세로 받아들여야 하는 것입니다. 왜냐하면 상대방은 보다 많은 정보를 알고 싶어서 하는 것이기 때문입니다.

상대방의 질문(비판적 의견 · 거절)은 "나는 아직 이해하지 못하고 있다. 그래서 더 알고 싶다."고 호소하는 의사 표시로서 당신에게 좀 더 알려달라는 메시지를 전달하는 것이기 때문에 오히려 감사히 여겨야 합니다.

상대방이 질문(비판적 의견 · 거절)을 하는 이유는 당신을 부정하기 위해서가 아니라, 상대방의 입장에서 실제로 자신에게 어느 정도의 이익이 되는지를 더 알고 싶어하기 때문입니다. 그래서 당신은 상대방의 질문(비판적 의견 · 거절)에 답변을 하기 전에, 우선 상대방의 입장에서 생각하여야 합니다.

당신의 시야에서 바라보는 것이 아니고, 상대방의 시야에서 바라보아야 하는 것입니다. 상대방의 입장에서 생각할 수 있게 되면, 상대방이 진정으로 무엇을 바라는가를 파악할 수 있게 됩니다.

통상적으로 상대방이 확실한 질문을 하지 않는 경우는 그다지 관심이 없다는 것을 의미하는 것입니다. 그래서 질문이 없는 사람은 당신의 설명에 진지하게 귀를 기울이지 않고 있는 사람이라는 것을 알아야 합니다. 왜냐하면 누구든지 모르는 것에 대해서 알고자 하면 질문으로부터 출발하기 때문입니다. 당신은 상대방으로부터 질문이 없을 경우에 오히려 더 걱정하여야 합니다.

만약 상대방이 진지하게 생각하고 있다면, 보다 더 상세히 알기 위해서 계속해서 질문을 할 것입니다. 이러한 과정을 통해서 상대방의 질문은 당신이 접근할 수 있는 적합한 방향성을 제시해 주는 역할을 하는 것입니다.

그래서 상대방의 질문은 당신의 사업에 매우 도움이 되는 소중한 것입니다. 이러한 소중한 기회가 찾아 왔을 때 당신이 제대로 답변을 할 수 있느냐 없느냐 여부에 따라서 상황이 달라질 수 있습니다. 이를 위해서 당신은 적절한 답변을 할 수 있는 능력을 갖추고 있어야 합니다. 상대방에게 설득력이 있는 답변을 하지 못하게 되면, 그들을 이해시킬 수 없게 되어, 상대방이 자신의 부정적인 생각이 옳다고 판단하거나, 당신이 무엇인가를 숨기고 있다고 부정적인 시각에서 바라보게 될 것입니다.

상대방의 질문은 「Yes」의 결정을 향해서, 가까이 가고 있다는 것을 의미한다

상대방이 「Yes」를 하지 못하고 있으면, 아직까지도 결정을 하기 위해서 더 많은 정보가 필요한 것입니다. 이는 상대방이 「Yes」의 결정을 내리기 위해서는 아직까지도 간격이 남아 있다는 것을 의미하는 것입니다. 설령 상대방이 비판적 의견·거절을 한다고 하더라도 그것은 당신에 대한 개인적 비판·거절과는 전혀 상관이 없는 것입니다. 그 간격을 메우고 「Yes」로 연결시키는 것이 당신의 역할입니다.

상대방이 제품의 좋은 점과 사업의 가능성을 이해하고 있다면, 질문을 하지 않을 것입니다. 반대로 상대방이 질문을 한다는 것은 당신에게 "더 천천히 설명해 주었으면 한다. 나는 아직 이해하지 못하고 있다."고 호소하고 있는 것입니다.

상대방이 자신의 마음 상태를 알기 쉽게 표현하지 못하는 경우도 있습니다. 당신은 이러한 점에 대해서 이해하고, 이를 위해서 대처할 수 있는 방법을 알고 있어야 합니다. 예를 들어, 상대방이 "제품 가격이 너무 비싸다"고 말하였다고 합시다. 이러한 경우에 당신은 「제품 가격에 대한 불평」으로만 해석할 것입니다. 그러나 이와 같은 말의 뒷면에 숨겨져 있는 진짜 이유를 말하지 못하기 때문에 얼버무리는 연막작전일 수도 있습니다.

이는 상대방의 입장에서는 경제적 형편이 어렵거나, 시기적으로 적절하지 못한 어떤 문제를 가지고 있을지도 모릅니다. 실제로 "나는 경제적으로 어려움에 처해 있어 그런 비싼 제품은 구입할 수 없다." 또는 "당신은 아직 나에게 왜 그 제품이 얼마나 좋은 제품인지에 대해서 충분한 설명을 해주지 않았다."는 것을 의미할 수도 있습니다.

이와 같이 상대방은 당신에게 직접적으로 말을 할 수 없는 어떤 다른 문제를 가지고 있을지도 모르는 것입니다. 그래서 당신은 상대방이 직접적으로 표현하고 있지 않는 이유를 밝히는데 최선을 다하여야 합니다. 그리고 당신은 가격이 정말로 비싼 것이지, 비싸다면 사용자에게 비싼 만큼 돌아가는 혜택이 무엇인지 알려줘야 합니다. 왜냐하면 대부분의 사람들은 자신에게 이익이 있어야만 결정을 하기 때문입니다.

당신은 상대방이 「Yes」라고 말하고 싶기 때문에 질문을 하고 있다는 점을 잊어서는 안됩니다. 당신이 상대방의 질문에 대해서 설득력 있는 답변을 할 때마다, 「Yes」의 결정을 향해서 한 걸음, 한 걸음 가까이 가고 있다는 것을 알고 있어야 합니다.

질문은 상대방이 「Yes」를 하기 위해서 필연적으로 거쳐가야 할 과정입니다. 그래서 질문은 「Yes」에 도달할 수 있는 방향을 지시하는 역할을 하는 안내판과 같다는 점을 항상 명심하고 있어야 합니다. 이러한 상황을 알지 못하고, 상대방의 질문에 대해 반박하거나 논쟁에서 이기려고 해서는 아무런 의미가 없는 것이고, 오히려 상대방에게 나쁜 감정만 주게 되는 것입니다.

「질문」이란?

- 질문은 상대방이 관심을 갖고 있다는 것을 의미하는 것으로써 "나는 아직 이해 하지 못하고 있다. 그래서 더 알고 싶다"고 호소하는 의사표시이다.

· 모든 사람들은 자신이 모르는 것에 대해서 알고자 하면, 질문으로부터 출발하기 때문에 오히려 상대방의 질문이 없는 것을 걱정하여야 한다.

· 질문은 상대방이 「Yes」의 결정을 하기 위해서 거쳐가야 하는 과정으로써 긍정적인 자세로 받아 들여야 한다.

· 상대방의 질문은 곧 기회를 의미한다. 상대방의 오해를 풀고, 저항을 없애고, 의심을 해소할 수 있는 기회를 제공해 주기 때문에 적극적으로 활용하여야 한다.

· 상대방의 질문에 대해서 당신이 설득력 있는 답변을 할 때마다, 상대방은 「Yes」를 향해서 한 걸음, 한 걸음 가까이 가고 있다는 사실을 알고 있어야 한다.

3

꼭 알고 있어야 하는 「답변」의 핵심 포인트

   당신은 상대방의 질문에 답변을 하지 못하고 머뭇거리다가 모처럼 마련한 기회를 놓친 경험은 없습니까? 아니면 너무 많은 말을 늘어놓고서도 아무런 성과 없이 시간만 허비한 경험이 있지는 않습니까? 또는 어색한 분위기를 어떻게 해서든지 바꿔보려고 썰렁한 유머로 허우적거렸던 경험이 있지는 않습니까?

   이와 같이 어렵게 말을 시작하더라도 삼천포로 빠졌다가, 심하게는 태평양을 건너 대서양을 돌아 영영 돌아오지 못하는 경우도 흔히 있습니다. 이러한 상황들을 사전에 방지하기 위해서 꼭 알고 있어야 하는 답변과 관련된 핵심적인 포인트들에 대해서 정리해 보고자 합니다.

답변은 바로 자기 자신을 파는 것이다

답변은 결국 자기 자신을 파는 것입니다. 때로는 꿈을 팔아야 하기도 하고, 때로는 호기심을 팔아야 하기도 하며, 때에 따라서는 당신이 얼마나 강한 확신을 하고 있는지, 자기 확신을 팔아야 할 때도 있습니다.

답변을 할 때 중요한 점은 상대방에게 비전을 제시해 주는 것입니다. "2년 후에 나는 무엇을 할 것이며, 10년 후에 당신과 나는 무엇을 해야 하며, 20년 후에 우리는 이렇게 될 것이다." 등과 같은 내용이 가장 큰 위력을 발휘합니다.

그리고 상대방이 당신에게 마음의 문을 열만큼 상대방에게 주어지는 혜택을 제시하여야 합니다. 상대방에게 왜 그러한 제안을 하는지, 그리고 상대방에게 해줄 수 있는 것은 무엇인지를 설명하여야 합니다. 당신의 입장만을 설명하고 상대방이 왜 해야 하는지를 설명하지 못하면, 상대방은 당신의 메시지에 귀를 기울이지 않을 것입니다.

표현방법 등 비언어적인 커뮤니케이션의 노하우도 중요하다

커뮤니케이션에는 언어적인 측면과 비언어적인 측면으로 나눌 수 있고, 그 중에서 언어적인 측면이 차지하는 비중은 극히 적다고 합니다. 오히려 비언어적인 커뮤니케이션이 더욱 중요하다고 합니다. 여기에는 사람의 목소리, 제스처, 눈맞춤, 물리적 거리 등이 포함됩니다. 비언어적인 커뮤니케이션을 잘하기 위해서는 「S · O · F · T · E · N」을 활용하는 것이 좋습니다. 이는 다음의 것들을 의미합니다.

- 미소(Smile)
- 열린 자세(Open Posture)
- 앞으로 몸을 기울이기(Forward lean)
- 가벼운 접촉(Touch)
- 눈 맞추기(Eye contact)
- 고객 끄덕이기(Nod)

미소를 띠고, 열린 마음으로 의자를 바짝 당기며, 자세를 앞으로 한 채, 눈을 마주치고, 고개를 끄덕이면서 커뮤니케이션을 하는 것입니다. 입을 통한 말로만 문제를 해결하겠다는 생각을 가진 사람들은 상대방에게 공감을 줄 수 없습니다.

또한 자신이 이야기 할 때는 신이 나서 하지만, 상대방이 이야기 할 때는 시큰둥한 반응을 보여서는 안됩니다. 당신의 반응은 곧 상대방에게 비쳐지는 당신의 마음을 표시하게 됩니다. 상대방은 자신이 존중을 받고 있다는 느낌을 받을 때, 당신의 이야기를 듣게 되고 마음의 문도 열게 된다는 사실을 잊어서는 안 됩니다.

본론을 바로 거론해서는 안 되고, 단계적으로 진행하여야 한다

상대방과 만나서 바로 본론에 들어가는 것은 바람직하지 않습니다. 물론 당신의 메시지를 전달하고자 하는 분명한 목적을 갖고 있지만, 결론을 너무 성급하게 거론하다가는 아무런 효과를 기대할 수 없게 되는 경우도 있습니다. 예를 들어, 어떤 사업의 동업자를 찾기 위해서 사람을 만났는데 너무 성급한 나머지 "무조건 나와 함께 합시다!"하면서 성공할 수 있는 것은 드라마에서나 볼 수 있는 것입니다.

모든 컨택은 한 단계, 한 단계 단계적으로 진행하는 것이 가장 안전한 방법입니다. 단도직입적으로 너무 성급한 모습을 보여서는 안 되는 것입니다. 성급하면 할수록 오히려 당신이 설득을 당할 확률만 높이게 될 것입니다. 상대방을 만나기 전에 상대방의 생활 형편과 현재 원하는 것이 무엇인지 등과 같은 개인적인 사항까지도 연구해서 단계적으로 접근할 수 있는 준비를 하여야 합니다.

그리고 상대방을 만나서 적어도 초반에는 가벼운 이야기를 나눌 수 있는 시간을 가져야 합니다. 연구자료에 의하면 상대방이 긍정적인 반응을 나타내는 시간은, 설명을 들으면서 7분, 15분, 45분 간격으로 찾아온다고 합니다. 그래서 처음부터 본론을 거론하지 말고, 이 시간대를 주기로 해서 타이밍의 기회를 포착하여야 합니다.

이를 위해서 우선 편안한 분위기로 유도할 수 있는 몇 가지의 이야기 거리를 준비하여야 합니다. 가능하면 본론과 전혀 다른 분야가 좋습니다. 예를 들어, 경제상황, 연예계, 스포츠계 소식 등에 관한 것이 좋습니다. 종교나 정치 등의 주제는 좋지 않습니다. 또한 건강문제나 자녀교육에 고민이 있는 사람은 그에 대한 정보나 조언을 해주면 고마워하거나 신뢰감을 갖게 됩니다.

상대방에게 언제나 당신을 만나게 되면 즐거운 시간이 되고, 도움이 된다는 인식을 심어 주어야 하는 것입니다. 이를 위해서 상대방이 무엇에 관심을 갖고 있는지 항상 염두에 두어야 합니다. 그렇다고 특별한 노력이 필요한 것이 아닙니다. 상대방이 관심을 가질 수 있는 화제 거리에 대해서 준비를 하면 됩니다. 사람들은 자신이 관심을 갖고 있는 분야에 대해서 이야기를 할 때면 으레 기분이 좋아지고, 말이 많아지며 자연스럽게 친근감을 갖게 됩니다.

많은 사람들이 만나서 대화를 나누고 있겠지만, 모름지기 이야기의 화제가 되는 것은 거기서 거기일 확률이 높습니다. 경제상황이 어려운 시기에는 경제와 관련된 이야기 일색일 것입니다. 유명 탤런트의 스캔들이 장안에 화제가 되었을 때는, 상대방도 당연히 그들의 스캔들에 관심을 가질 것입니다. 상대방이 골프를 좋아한다면, 골프 이야기로 대화의 문을 열 수 있습니다.

이렇게 가벼운 주제로 이야기를 나눈 후에는 상대방이 전반적으로 처해 있는 상황을 파악할 수 있고, 관심사를 알아내기 위해서 상대방의 가족사항(Family), 하고 있는 일(Occupation), 여가시간을 보내는 오락, 취미(Recreation), 생활 상태를 알 수 있는 돈·인생관(Money·Message)의 순서로 자연스럽게 물어보는 것입니다. 이러한 현재상황에 대한 질문들을 통해서 상대방이 현재 상태에서 부족하거나, 앞으로 필요로 하는 것이 무엇인지에 대해서 확인을 한 후에 단계적으로 본론으로 진입하여야 성공의 확률을 높일 수 있습니다.

상대방에게 강요하거나, 매달리는 자세로 하지 말아야 한다

당신이 사정하듯이 매달리게 되면 상대방은 오히려 오해를 하게 됩니다. "이 사람이 나를 이용해서 돈을 벌려고 하고 있는 것은 아닌가?", "도대체 나를 설득하면 얼마나 돈을 버는데 이렇게 열심히 권유하나" 등……. 이러한 상황으로 되면 상대방은 당신을 신뢰하지 않게 됩니다.

이 세상에서 자신이 손해를 보려고 하는 사람은 거의 존재하지 않습니다. 그래서 상대방의 입장에서는 당신이 상대방을 꼭 필요로 해서 매달리고 있다는 인상을 주게 되면, 뭔가 손해를 볼 수 있다는 느낌을 갖고 오히려 물러서려고 합니다. 상대방이 원하는 것은 자신이 있건 없건 상관없이 성장하는 사업을 원하는 것이고, 어디까지나 자신에게 돌아오는 이익과 혜택만을 생각하고 있기 때문입니다. 대부분의 사람들은 오직 자신에게 가져다 줄 이익에만 관심을 나타내는 것이 인간의 기본적인 속성이라는 것을 충분히 인식하고 있어야 합니다.

상대방을 논리적으로 압도할 수 있는 지적이나 답변을 해서는 안 된다

당신이 아무리 훌륭하고, 논리적으로 정당한 내용의 답변을 하더라도 상대방에 대해서 성급하게 반박을 하거나, 당신의 입장만을 주장하면 할수록 상대방의 의견을 무시하게 되는 결과가 되어 「No」의 구렁텅이에 빠지게 됩니다.

설령 상대방의 질문이 잘못된 정보에서 비롯된 것이라고 하더라도, 그 자리에서 바로 지적을 하는 것은 바람직하지 않습니다. 항상 상대방의 질문에 동의하고, 새로운 정보를 전달하여 주는 것으로 만족하여야 합니다. 결코 그들이 잘못 알고 있거나, 틀렸다는 것을 증명하려고 해서는 안 되는 것입니다.

그리고 상대방과 논쟁을 벌이거나 토론을 해서는 안됩니다. 상대방의 질문에 대해서 토론을 하고 당신이 논리적으로 압도를 해서, 당신이 얻을 수 있는 것은 무엇이라고 생각합니까? 그 토론에서 당신은 승리자가 될 수 있을지도 모릅니다. 그러나 그 결과는 유망한 파트너를 잃게 될 가능성만 높이게 되는 것입니다.

답변은 호기심을 유발하여야 하고, 제 3자를 활용하는 것도 효과적이다

답변은 장황하게 해서는 안되고, 될 수 있는 대로 짧게, 짧게 하면서 호기심을 자아내게 하여야 합니다. 자세하게 설명을 하다보면 상대방에게 복잡하다는 느낌을 주거나, 지루함을 느끼게 하여 오히려 역효과가 날 수 있습니다. 상대방이 알고자 하는 부분에 대해서만 숨김없이 진실된 답변을 짧게 하여 상대방의 호기심을 유발하고 관심도를 증폭시키는 것이 중요합니다.

상대방이 당신과 친하게 지내고 있는 사람인 경우에는 서로의 처지를 잘 알고 있어서 답변을 건성으로 들어 주는 경우가 흔히 있습니다. 그래서 상황에 따라서는 당신이 직접 답변을 하지 않고, 당신의 스폰서를 활용하면 효과적입니다. 또 다른 방법은 상대방과 비슷한 처지에 있었던 최근에 시작한 새로운 회원의 의견을 들려주는 것도 상대방의 입장에서는 쉽게 납득이 갈 수 있을 것입니다.

상대방의 생각을 바꾸려고 설득을 해서는 안 된다

당신은 당신과 다른 환경에 있는 사람을 상대하고 있는 것입니다. 그들의 입장과 감정도 고려하지 않으면 안됩니다. 따라서 그들의 생각을 바꾸려고 해서는 안 되는 것입니다. 당신이 해야 할 역할은 당신의 경험과 앞으로의 가능성에 대한 새로운 정보를 제공하는 것으로 만족해야 하고, 결정은 상대방이 하게 해야 합니다.

어떤 것이든지 다른 사람의 강요에 의해서 하게 되면, 기분이 좋을 사람은 없습니다. 당신도 마찬가지의 경험을 갖고 있을 것입니다. 백화점에 가서 물건을 사려고 하는데 점원이 따라 붙으면서 이것저것 설명을 하려고 하면, 빨리 그 자리에서 도망을 가고 싶었던 적이 있었을 것입니다. 이런 경우에 "천천히 내가 더 알아보고 고르겠다"고 하면서 그 자리를 피했을 것입니다. 여하간에 점원의 강요에 의해서 사고 싶지는 않았을 것입니다.

  이와 같이 인간의 기본적인 심리를 제대로 모르고 더 한층 끈질기게 접근하면 실패의 확률이 클 수밖에 없는 것입니다. 모든 사람들이 확실한 정보를 기반으로 하여 자신에게 돌아올 이익을 생각하고 스스로가 선택하여 결정하는 것을 좋아합니다. 억지로 상대방을 설득하고자하는 것은 바람직한 방법이 아닙니다.

제2부
컨택 현장에서 실천해야 하는
「답변」의 노하우

1

만나는 순간,
이미 메시지의 전달이 시작된다는
사실을 알고 있어야 한다

당신이 전달하고자 하는 메시지는 당신의 첫인상에서 출발한다

당신이 전달하고자 하는 메시지는 단지 입을 통한 언어만으로 전달되는 것이 아닙니다. 당신의 품격과 태도로도 전달될 수 있습니다. 당신이 입고 있는 옷·자세·반응 등도 넓은 의미에서 메시지로서 전달 될 수 있는 것입니다.

예를 들어, 문상을 위해서 검정 옷을 입고 장례식에 가는 것은 조의를 표현한다는 메시지를 전달하는 방법입니다. 이와 같이 이미 상대방을 만나면서 본론을 굳이 이야기하지 않더라도 메시지의 전달이 시작된다는 사실을 알고 있어야 합니다.

모든 만남은 당신과 상대방의 교감에서 이루어져야 하기 때문에 당신의 첫인상에서 좌우될 수도 있습니다. 그래서 성공적인 컨택의 첫 단계는 당신이 어울리는 자세를 갖추고 있어야 합니다. 혼란스러운 복장을 하거나, 짙은 화장을 한 모습은 상대방에게 좋지 않은 선입견을 주게 되어 당신과의 만남을 진지하게 받아들이지 않게 할 것입니다.

탐색전에서는 웃음이 최선이다

컨택의 목적은 상대방으로부터 「Yes」의 결정을 받아 내려고 하는 것입니다. 어떻게 하면 당신의 메시지를 제대로 전달하여 상대방의 「Yes」를 빨리 받아 낼 수 있을지를 기대하면서 만나는 것입니다. 하지만 상대방의 입장에서는 당신이 전달하는 사업이 혹시 자신에게 부담이 되는 것이 아닌지 마음속으로 염려할 것입니다. 그렇기 때문에 어색한 분위기에서 서로가 탐색전을 벌이면서 긴장을 하게 되는 경우도 있을 것입니다.

이러한 탐색전에서 긴장을 해소하고, 상대방에게 편안한 마음을 갖게 해 주는 가장 좋은 명약은 웃음입니다. 상대방에게 너그럽고 여유 있는 웃음을 보여야 합니다. 특히 처음 만난 자리에서 너무 성급하게 본론을 거론한다면 실패의 확률이 커질 수밖에 없습니다.

2

상대방의 질문을 끝까지 경청하고, 질문에 숨어있는 진정한 의미를 파악한다

상대방의 질문을 끝까지 경청한다

당신은 상대방의 질문에 대해서 "상대방이 할 마음은 있는 것 같은데도 귀찮게 질문만 하면서, 몇 번이나 말해 주어도 알아듣지 못하고 있다."고 못마땅한 표정을 지으면서 불만스러운 마음을 가졌던 적은 혹시 없습니까?

그러나 상대방이 당신을 괴롭히고 있다는 생각은 당신이 정확하게 상대방의 질문을 이해하지 못하고 있기 때문에 일어날 수도 있습니다. 당신은 상대방이 질문을 하고 있는 뒷면에 숨어 있는 진정한 의미를 들을 수 있어야 합니다.

상대방의 질문 내용을 완전히 이해하지 못한 상태에서 답변을 하게 되면, 상대방에게는 공허한 답변이 될 수밖에 없습니다. 상대방의 질문을 제대로 듣지 않고 답변을 하려는 것은 마치 공을 제대로 쳐다보지 않고서 배트를 휘두르는 것과 별반 다를 것이 없습니다. 공을 보지 않고서 배트를 휘두르면 공이 제대로 맞을 리가 없는 것처럼 당신의 답변은 동문서답이 될 수밖에 없는 것입니다.

그래서 상대방의 질문에 대해서 두 귀, 두 눈, 가슴으로 들을 준비를 하여야 합니다. 상대방의 질문을 끝까지 잘 듣지 않으면 상대방이 진정 중요하게 생각하는 것이 무엇인지, 오해하고 있는 부분이 무엇인지, 더 알고 싶은 것이 무엇인지를 파악할 수 없게 됩니다.

당신은 상대방이 처음에 시작하는 말만을 듣고서도, 곧바로 무엇을 말하려고 하는지를 알아차리는 경우도 있습니다. 또한 이미 그 내용을 파악하고 있을지도 모릅니다. 그러한 경우에도 상대방의 질문을 끝까지 들어 주어야 합니다.

만약에 당신이 열심히 이야기를 하고 있는 도중에 느닷없이 다른 사람이 끼어 든다면 당신의 기분은 엉망진창이 될 것입니다. 이와 마찬가지로 상대방의 질문을 끝까지 경청하지 않으면, 그들을 초조하게 할 뿐만 아니라 반감을 사게 됩니다.

그러나 상대방은 자신에 대해서 관심을 가져 주고, 끝까지 들어 주는 것만으로도 스트레스가 풀리고 편안함을 느낄 수도 있습니다. 그래서 상대방이 무엇을 말하려고 하는지 당신이 설령 알고 있어도, 도중에 상대방의 말을 가로막고 끼어 들어서는 안 되는 것입니다.

질문의 뒷면에 숨어 있는 진정한 의미를 파악한다

당신은 상대방의 입장에서 알고 싶어하는 사항을 명확하게 이해하려고 하지 않고, 당신의 생각만을 일방적으로 상대방에게 설득하려고만 해서는 아무런 효과를 기대할 수 없습니다. 빙산의 90%가 물밑에 감춰져 있듯이 상대방이 말하고 싶은 진정한 의미는 보다 깊은 곳에 숨어 있을지 모릅니다.

상대방의 질문에 숨어 있는 진정한 의미를 파악하기 위해서도 끝까지 경청하여야 합니다. 실제로 그들은 당신이 소개하는 제품을 구입하고 싶지만, 금전적인 면에서 부담이 될 수도 있습니다. 그러한 경우에는 금전적인 면에서 부담이 되지 않는 다른 제품이나 구입 방법을 알려 주는 것이 효과적입니다.

또는 다른 곳에서 더 싼 가격으로 구입할 수 있는 것이 아닌가 하는 생각을 하고 있을지도 모릅니다. 이러한 경우에 당신은 소개하는 제품이 상당히 획기적으로 개발된 것으로써 다른 제품에 비해서 우월한 기능을 갖고 있고, 그들에게 어떠한 이익을 가져다 주는지를 알려주는 것이 중요합니다.

이와 같이 질문의 뒷면에 숨어 있는 진정한 의미를 알게되면, 당신의 답변을 쉽게 풀어 나갈 수 있습니다. 만약에 당신이 상대방이 요구하는 모든 질문에 명쾌하게 답변을 했다면, 마지막으로 남은 것은 당신이 그에게 할 질문입니다. "○○(이름)씨, 회원으로 가입하게 전에, 또 다른 질문이 있습니까?"

∥ **상대방의 질문 내용을 확인한다** ∥

상대방의 질문에 대해서 답변을 하기 전에, 당신은 그 질문의 의미를 정확하게 이해하고 있는지를 상대방에게 질문을 하여 확인하여야 합니다. 이는 상대방이 하는 질문의 진정한 의미를 당신과 상대방이 같은 방향으로 이해하기 위해서 필요한 것입니다.

상대방의 질문 내용을 확인하는 질문 방법은 상대방이 자신의 질문에 대해서 스스로 답변을 할 수 있게 하는데 아주 효과적인 방법입니다. 이를 위해서 상대방이 자신의 질문에 대해서 스스로 답변을 할 수 있도록 유도하는 것입니다.

- 예 : "당신의 질문은, 이러한 내용이지요, ……?"
- 예 : "당신은 지금…… 하다는 이야기를 하고 있는 것이지요"
- 예 : "당신의 입장에서 말해본다면……하다고 말 할 수 있는 것이지요."
- 예 : "제가 듣기로는…… 하다는 이야기인 것 같습니다."
- 예 : "당신의 말씀을 들어보니, …… 하다는 것이군요."
- 예 : "그렇다면 이 제품이 다른 제품과 어떻게 다른가, 또 효과를 증명하기 위해서는 무엇이 필요하다고 생각합니까?"
- 예 : "저도 네트워크 마케팅을 시작한 모든 사람이 성공을 못하고 있다는 사실을 알고 있습니다. 그런데 당신은 왜 그들이 성공을 할 수 없었다고 생각합니까?"
- 예 : "왜, 선진국에서 네트워크 마케팅을 통해서 제품이 유통

되고 있다고 생각합니까?"
- 예 : "어째서, 많은 사람들이 네트워크 마케팅을 하고 있다고 생각합니까?"

‖ 상대방의 질문 내용에 대해서 정확하게 이해하지 못했을 경우의 질문 ‖

- 예 : "저는 당신이 하고 있는 질문의 의미를 정확하게 이해하지 못하고 있으니, 다른 측면에서 말해 줄 수 있습니까?"
- 예 : "그 질문을 보다 더 간단하게 설명해줄 수 있습니까?"
- 예 : "그렇게 생각하고 있는 것을 유감스럽게 생각합니다만, 왜 그렇게 생각하고 있는지 괜찮다면 설명해줄 수 있습니까?"

3

상대방의 질문에 이해해주고, 동감해주고, 확신을 전달한다

상대방의 입장이 되어서 답변을 하여야 합니다. 상대방의 입장이라고 하는 것은 당신이 처음으로 네트워크 마케팅에 대해서 전달을 받았을 때의 상황이라고 생각하면 틀림이 없습니다. 당신이 네트워크 마케팅을 처음 시작한 시점으로 되돌아가서, 그 당시의 경험을 바탕으로 하여 상대방의 질문을 이해해주고, 동감해주고, 확신을 전달하는 것입니다.

한 번 말하고, 두 번 듣고, 세 번 맞장구쳐라

상대방과 만나서 한쪽에서 일방적으로 말을 하고, 또 다른 한쪽에서는 아무 말도 하지 않으면서 듣고만 있는 것이 아닌가를 점검하여야 합니다. 또한 서로가 질문과 답변만을 주고받아서는 안됩니다. 당신은 말하는 것보다는 듣는 것, 그리고 적절하게 맞장구를 쳐주는 것이 중요합니다.

아무리 노력을 하여도 말을 하는데 자신이 없다면, 지금부터 들어주고, 맞장구를 쳐주는 연습을 하면 효과적입니다. 하루아침에 달변가가 될 수는 없겠지만, 상대방의 말을 친절하게 들어주는 사람이 되는 것은 하루아침에 가능하고, 길어도 3일이면 충분합니다. 상대방의 질문에 공감을 표시한다는 고갯짓, 눈을 통한 긍정적인 반응, 적절한 순간에 감탄사, 상대방을 존중하고 있다는 은근한 표시 등은 생각보다 어렵지 않습니다.

또한 당신도 네트워크 마케팅을 시작하기 전에 상대방과 마찬가지로 불안하였던 감정을 가지고 있었던 점을 알려주어야 합니다. 그리고 초기에 불안하였던 감정은 대부분의 사람들도 마찬가지였다는 점에 대해서도 알려주어야 하는 것입니다.

‖ 이해 · 동감 · 확신의 표현방법 ‖

- 이해 : "당신이 말하고 있는 것을 이해하고 있습니다. 저도 처음에는 그렇게 생각하였습니다."
- 동감 : "제가 이제까지 만나보았던 많은 사람들도 당신과 마찬가지로 생각하였고 똑같은 질문을 하였습니다."
- 확신 : "그렇게 하였던 사람들도 이제는 제품을 사용해 보고, 정말로 제품의 좋은 점과 사업의 비전을 알고서는 지금은 적극적으로 활동을 하고 있습니다."

‖ 이해해주고, 동감해주고, 확신을 전달하는 대화법 ‖

- 예 : "저도 처음에는 그렇게 생각하였습니다. 제가 이제까지 만났던 사람들도 당신과 마찬가지로 다른 제품과 차이가 별로 없었다고 생각하였습니다. 그러나 제품을 직접 사용해 보고서는 제품의 좋은 점을 인정하고, 매우 만족해하고 있습니다. 그래서 지금은 주변 사람들에게도 제품의 좋은 점을 알려주고 있습니다."
- 예 : "당신이 지적하고 있는 그대로입니다. 대부분의 사람들이 처음에는 당신과 똑같이 그렇게 느꼈을 것이라고 생각합니다. 그러나 여러 가지를 알아보고 난 후에는 많은 사람들이 큰 가능성을 인정하고, 이제는 적극적으로 참여하고 있습니다."
- 예 : "저도 네트워크 마케팅에 대해서 별로 흥미가 없었고, 불신감조차 있었습니다. 또한 많은 사람들도 마찬가지라고 생각합니다. 그러나 주변 사람들에게 제품에 대한 자신감을 갖고 권유할 수 있는 것이라면, 사업으로서 훌륭할 가능성이 있다는 점을 알게 되었습니다."
- 예 : "당신이 생각하고 있는 것을 잘 알겠습니다. 저도 당신과 마찬가지로 생각하였습니다. 그러나 어떻게 해서 제가 네트워크 마케팅의 가능성을 갖게 되었는지에 대해서 설명을 하겠습니다."

4

상대방의 마음을 열기 위한 질문을 한다

상대방에게 질문을 함으로써, 스스로가 생각할 수 있는 기회를 갖게 한다

상대방이 당신에게 알리고 싶지 않은 어떤 다른 사정이 있기 때문에 대꾸도 하지 않고 질문도 하지 않는 경우가 있을 수 있습니다. 상대방의 입장에 따라서는 다른 골치 아픈 일이 있거나, 집안에 아픈 사람이 있어 그를 돌보지 않으면 안되는 상황이 있거나, 경제적으로 너무 어려운 것이 부끄러워 애써 무관심한 반응을 보일 수도 있습니다.

상대방이 충분한 반응을 보이지 않는 경우에, 그것을 강요할 필요는 없습니다. 당신이 상대방을 대신해서 질문을 하여 분위기를 주도해 나갈 수 있습니다. 질문은 상대방의 마음을 열게 해주는데 도움이 됩니다. 또한 당신이 상대방에게 질문을 하여 얻을 수 있는 효과는 당신이 전달하고자 하는 메시지를 상대방이 자연스럽게 받아들이게 하는 데 있습니다.

이를 통해서 상대방으로 하여금 생각할 수 있는 기회를 주고, 스스로가 문제의 해결을 할 수 있는 방법을 찾게 해 줄 수도 있는 것입니다. 그러나 누구나 심문을 당하는 기분을 느끼게 되면 불쾌하게 생각을 하기 때문에, 상대방을 내몰려고 하는 듯이 공격적인 질문을 하여서는 안 됩니다.

이를 위해서 상대방이 부담이 되지 않고 솔직하게 답변을 할 수 있는 분위기를 우선적으로 만들어 주어야 합니다. 상대방이 열린 마음으로 자신의 입장을 충분히 표현해 줄 수 있도록 하여야 하는 것입니다. 이와 같이 상대방에게 질문을 어떻게 하느냐에 따라서 당신은 상대방에 대한 정확한 정보를 얻을 수 있고, 상대방 스스로가 이해할 수 있도록 하는 것이 가능합니다.

‖ 질문을 유도할 수 있는 두 가지의 화법 ‖

- **가정법** : 상대방의 입장을 가정하면서, 상대방이 관심을 갖고 있는시에 내해서 질문을 해 보는 것입니다.
- 예 : "만약에 제품이 당신의 마음에 들고, 품질이 좋고, 효과가 있다면 주변 사람들에게 소개하고 싶은 생각은 있습니까?"
- 예 : "혹시, 금전적으로 문제가 없다면, 시험삼아 사용해 볼 의향은 있습니까?"
- **관련법** : 상대방에게 장애가 되는 다른 요인이 있는 것을 확인하기 위해서 질문을 해 보는 것입니다.

- 예 : "시간이 없다는 이유말고, 당신에게 곤란한 또 다른 이유가 있습니까?"
- 예 : "잘 알겠습니다. 당신은…에 대해서 염려를 하고 있습니다만, 또 다른 알고 싶은 것이 있습니까?"

상대방이 「Yes」와 「No」 둘 중에서 하나의 대답이 나올 수밖에 없는 질문은 피하라

상대방에게 질문을 하는 경우에 그가 예민하게 생각하고 있는 사항에 대해서는 질문을 하지 말아야 합니다. 그러한 질문은 상대방을 불끈 달아오르게 자극을 할 수 있어서, 격분된 말대꾸를 유발하거나 당신에게 날벼락이 떨어지게 만들지도 모릅니다.

그러나 대부분의 사람들은 누군가가 자신에게 관심을 갖고, 자신의 생각과 감정을 두루 살피면서 자신의 관심사, 잘하고 있는 점에 대해서 물어봐 주기를 간절히 바라고 있다는 심리상태를 활용하여야 합니다.

상대방의 입장에서 쉽게 자유로운 대답이 가능한 질문을 하여야 합니다. 이러한 질문들은 상대방의 의견이나 감정을 파악할 수 있고, 상대방으로 하여금 자신의 생각을 정리할 수 있도록 해 주는 것입니다. 당신이 상대방의 의견이나 감정들을 알고 싶다면, 「Yes」와 「No」 둘 중에서 하나의 대답이 나올 수밖에 없는 질문들은 피하여야 합니다. 예를 들어, "당신은 지금의 생활에 만족하고 있습니까?"라고 질문을 하기보다는 "당신은 지금의 생활에 대해서 어떻게 생각합니까?"라는 방식으로 질문을 하여야 하는 것입니다.

5

효과적인 답변의 화법 테크닉

답변을 시작하는 화법

- "이해합니다. 저도 마찬가지였습니다. 그런데 알고 보니…"
- "어떤 느낌이 드실지 짐작하겠습니다. 그러나 생각을 바꿔보니…"
- "저도 …점에 대해서 같은 생각을 하고 있습니다. 그러나 여러 가지에 대해서 알아보고서는 …"
- "…한 심정을 충분히 이해하겠습니다. 저도 그랬습니다."
- "저도 처음에는 그렇게 생각했습니다. 그런데 알고 보니…"
- "맞아요. 당신의 생각이 맞을지도 모릅니다. 그러나…"
- "당신이 지적하는 대로입니다. 다른 사람들도 당신과 똑같이…"
- "당신의 기분을 잘 알겠습니다. 사실 저도 처음에는 당신과 똑같은 기분이었습니다."

당신의 답변에 상대방이 이해하고 있는가를 확인하는 화법
- "당신의 질문에 대해서 충분한 답변이 되었습니까?"
- "당신도 그렇게 생각하지 않습니까?"
- "이러한 점을 이해할 수 있습니까?"
- "이러한 방식도 있습니다만, 어떻게 생각합니까?"
- "저의 말뜻을 충분히 이해할 수 있습니까?"

질문을 활용하여 답변을 하는 화법
- "왜, 그렇게 생각합니까?"
- "그런 것을 걱정하는 이유가 무엇인가요?"
- "그 결과는 어떻게 될 것이라고 생각합니까?"

질문에는 질문으로 답변을 하는 경우가 효과적일 수도 있습니다.

상대방이 정확히 모르고 하는 질문에 정확한 정보를 전달하는 답변의 예

"그렇군요. 제품의 가격이 다소 비쌀지도 모릅니다. 그러나 이 제품은 시중의 일반제품과 차별하기 위하여 다른 제품에서는 찾아볼 수 없는 새로운 기능이 추가되었습니다. 그 효과도 증명되고 있습니다. 따라서 당신이 지적하는 대로 가격이 다소 비쌀지도 모릅니다. 그러나 품질과 효과를 생각한다면 결코 비싸다고는 할 수 없고, 오히려 싸다고 할 수 있을 것입니다."

답변이 어려운 질문에 대해서 상대방의 질문 형식을 바꾸어서 하는 답변의 예

"다른 제품에 비해서 비쌀지도 모릅니다. 그러나 당신이 말하는 것을, 왜 이 제품이 다른 제품에 비해서 비싼 만큼 어떤 것이 좋은 가에 대해서 알고 싶다는 것으로 해석해도 좋습니까? 이에 대한 대답은 당신이 이 제품을 사용함으로써 다른 제품에서 얻을 수 없는…… 효과가 있기 때문입니다."

6

상대방의 반응에 따른 각기 다른 대처 방법

장난기 질문의 퇴치 요령

모든 사람들이 실제로 관심을 갖고 질문을 한다고는 할 수 없습니다. 상대방이 질문을 하면서 진정으로 모르는 것을 알아 보기 위한 질문인지, 자신의 의사표시를 위한 질문인지, 당신을 압도하기 위한 질문인지를 구별하여야 합니다.

상대방에 따라서는 단지 자신의 우월감을 과시하거나, 당신을 놀려주기 위한 목적으로 질문이나 비판적 의견을 말하는 경우가 있을지도 모릅니다. 사업이나 제품에 전혀 관심도 없으면서 심술궂은 질문을 해 오는 경우도 있는 것입니다.

그러한 상황이라고 판단이 되면 시간을 허비하지 말고 "당신의 입장에서는 그렇게도 생각할 수 있겠지만, 또 다른 질문이 있습니까?" 하면서 끝내야 하는 것입니다. 이렇게 하면 대부분의 사람들은 질문을 멈추게 됩니다. 그래도 장난을 끝내려고 하지 않는 경우에는 다른 화제로 돌려서 분위기를 바꾸는 것이 좋습니다. 그리고 당신은 「Yes」의 가능성이 있는 다른 사람을 만나는 것이 보다 효과적입니다.

●● 상대방의 반응에 따른 각기 다른 대처 방법

상대방의 반응	대처방법
침묵하고 있다	상대방에게 질문을 하여 속마음을 파악한다
망설이고 있다	모든 것에 대해서 당신이 전폭적인 협조를 하겠다는 약속을 한다
열정이 결여되어 있다	인간은 주위의 열정에 어떠한 형태로든 반응을 하기 때문에 당신의 열정을 보여준다
거만한 태도를 보이고 있다	정면으로 부딪쳐서는 안되고, 상대방의 말에 맞장구를 치면서 현명하고 부드럽게 다룬다
귀찮아하고 있다	불행한 사람이라고 생각하고, 귀찮아하지 않도록 자리를 피해 준다
무언가 탐색을 하고 있다	상대방의 프라이버시를 굳게 지켜준다는 확신을 준다
나약한 모습을 보이고 있다	동정과 칭찬을 해주고 자신감을 불어넣어 준다
잔소리를 하고 있다	당신을 아끼는 마음이라는 징조이니, 받아들이는 자세를 취한다

7

마무리에서 강요를 해서는 안 된다

최종적으로 당신이 상대방에게 하는 질문입니다. "당신은 이 비즈니스에 대해서 훌륭한 가능성이 있다고 생각합니까? 어떻습니까, 함께 해 봅시다."하고 난 후에 상대방의 반응을 기다립니다. 그래도 응답을 하지 않고 있으면, "또 다른 알고 싶은 질문이 있습니까?"하면서 다정하게 물어 보는 것입니다. 상대방이 「Yes」의 결정하였다면, 회원등록 신청서를 내밀고 "이것이 신청서입니다."하면서 신청서의 작성방법을 알려주는 것입니다.

모든 사람은 자신의 이익을 위해서 성급한 결정을 하지 않는다

상대방이 궁금했던 내용에 대해서 질문을 다하고시도 자신의 입장을 정리하지 못하는 경우도 있습니다. 이러한 경우에는 빠른 시간 내에 결정을 하도록 강요할 필요는 없습니다. 다른 사람의 강요에 의해서 무엇인가를 결정하고서 기분 좋을 사람은 없다는 점을 잊지 말아야 합니다. 무리하게 설득을 하려고 하면 할수록 오히려 역효과가 날 수 있습니다. 대부분의 사람들은 확실히 알아 본 후에, 자신에게 돌아오는 이익을 계산해 보고 스스로 결정을 하려고 합니다. 이러한 경우에는 그가 집에 돌아가서 검토 할 수 있는 자료를 건네주면서, "이 자료를 참고하면서 차분히 검토하기 바랍니다."라고 하는 것입니다.

상대방이 「No」라고 한다면 상대방이 알고 있는 사람의 소개를 부탁한다

모든 사람들로부터 「Yes」의 반응을 기대하지만, 「No」라고 하는 경우에 대비하여야 합니다. 상대방이 일단 「No」라고 하였다면, 그 결정을 바꾸는 것은 매우 어렵습니다. 끈기를 보이는 것도 필요하지만, 끈기를 보이는 방법이 중요한 것입니다. 싫다고 하는 사람에게 계속해서 애원하듯이 매달리는 끈기를 보이는 자세는 상대방에게 불쾌감만을 주게 될 것입니다. 이러한 경우에 당신이 할 수 있는 두 가지의 방법이 있습니다.

첫 번째는 일단 상대방을 귀찮게 하지말고 감사의 표시를 하면서 점잖게 물러나는 것입니다. 그리고 새로운 정보를 지속적으로 제시하는 것입니다. 어떤 사람이라도 단 한번의 정보를 듣고서 바로 결정을 하지 않습니다. 사람들이 새로운 집을 구입할 경우에도 첫 번째로 소개받은 집을 그 자리에서 바로 계약하지 않을 것입니다. 여러 집을 보고서는 주위 사람들과 상의해 보고, 앞으로 집 값이 오를 것인가에 대해서도 생각해보고 결정을 할 것입니다. 네트워크 마케팅의 경우에도 마찬가지입니다. 대부분의 사람들이 네트워크 마케팅에 참여하는 계기는 인생에서 몇 번인가의 변화가 있었을 때라고 합니다. 그러한 시점에 당신이 지속적으로 제공하는 정보를 토대로 하여 새로운 결단을 할 수 있는 것입니다.

두 번째는 감사의 표시를 하고 다른 사람의 소개를 부탁하는 것입니다. 이는 네트워크 마케팅을 하는데 있어서 아주 중요한 것이기 때문에 항상 잊지 말고 습관화되어 있어야 합니다. 상대방이 당신을 진정으로 도와주고 싶다는 마음이 있다면, 적어도 3~4명은 소개해 줄 수 있을 것입니다. 이렇게 되면, 당신은 10명으로부터 「No」라고 하는 거절을 받았는데도 불구하고 30~40명의 새로운 가능성이 있는 리스트를 지속적으로 확보할 수 있게 되는 것입니다.

제3부
자주하는 「질문」과 「답변」의 실제적인 사례

1

오해 · 편견을 갖고 하는 비판적 의견

컨택을 하면서 다양하고 많은 사람들을 만나야 하지만, 모든 사람들은 제각기 다른 인생을 살고 있기 때문에 모든 사람에게 통할 수 있는 내용의 답변은 존재하기 어렵습니다. 동일한 주제의 질문에 대해서 어떤 사람에게는 효과적인 답변도, 다른 사람에게는 아주 어색한 답변이 되는 경우도 있습니다.

같은 친구라고 하더라도 잘사는 친구가 있는가 하면, 못사는 친구도 있는 것과 마찬가지로 상대방의 생활수준 · 성격 · 환경 등이 제각기 다르기 때문에 상대방의 형편에 맞춰서 답변을 준비해야 효과적일 것입니다. 그래서 이 책에서는 동일한 주제의 질문에 대해서 상대방의 생활수준이나 신분에 따라서 각기 다른 맞춤식 답변을 할 수 있도록 다양한 사례를 제시하였습니다.

질문 │ **그거 피라미드 아닌가?**

답변 1 우리 생활에 있어서 주부들이 음식을 장만하기 위해서 식칼은 매우 편리하고 훌륭한 도구입니다. 그러나 그 식칼로 강도가 범행에 사용하게 되면 흉기로 바뀌게 됩니다. 또한 자동차의 경우에도 우리에게 편리하고 빠르게 이동할 수 있는 문명의 이기(利器)임에는 틀림없지만, 술 취한 사람이 운전을 하여 교통사고를 일으켜서 사상자를 내는 원인을 제공할 수도 있습니다.

　이와 같이 이 세상의 도구나 기법이 사용하는 사람에 따라서 유용하게 활용할 수도 있고, 악용되는 경우도 있습니다. 네트워크 마케팅의 경우에도 마찬가지입니다. 네트워크 마케팅의 기본적인 기법으로 활용하고 있는 복제·배수증가의 기법을 악덕상인들이 부당하게 사용하여 사회적 문제를 일으키고 있는 것입니다. 네트워크 마케팅과 피라미드 상법은 이와 같이 완전히 다른 것입니다.

답변 2 당신이 알고 있는 것과 같은 피라미드 상법이라고 하면 저도 그런 것에는 관심을 갖지 않았을 것이며, 당신에게 전달하지도 않았을 것입니다. 사과나무에는 항상 탐스러운 사과만 열리는 것이 아니고 개중에는 썩은 사과도 열릴 수 있습니다. 신문을 보게 되면, 은행원이나 증권회사 직원들이 저지르고 있는 부정사건이 뉴스로 등장하는 경우가 있습니다. 그렇다고 해서 금융업계 전체를 부정하는 사람은 없을 것입니다.

또한 진짜가 좋으면 그를 모방한 가짜가 범람하기 마련입니다. 네트워크 마케팅의 경우에도 이와 같은 현상이 일어나고 있습니다. 저도 안타깝게 생각하고 있는 것은 네트워크 마케팅의 진실된 면은 알려지지 않고, 빈 수레가 요란한 것과 같이 피라미드 상법으로 인한 사고 등의 영향으로 오히려 나쁜 점만이 부각되면서 네트워크 마케팅 업계 전체를 피라미드 상법으로 오해하고 있다는 점입니다.

답변 3 불법적인 피라미드와 합법적인 네트워크 마케팅을 식별할 수 있는 중요한 기준이 있습니다. 제품의 종류가 생활용품이 아닌 고가의 내구재나 금전거래 중심, 회원가입 시 다량의 상품을 구입 유도, 상품가격의 대부분을 회원의 수당으로 책정, 판매량의 할당, 반품의 회피 등을 하면서 일확천금을 벌 수 있다고 하면, 이는 틀림없이 사회적으로 물의를 일으키고 있는 피라미드입니다.

그러나 전통적인 네트워크 마케팅은 의무사항 및 할당량이 없이, 모든 것이 자발적으로 이루어지기 때문에 아무런 부담이 없이 자신의 페이스대로 할 수 있습니다. 지금부터 자세히 알아본다면, 네트워크 마케팅은 당신에게 조금이라도 손해가 되거나 주변 사람들에게 피해를 주는 일이 전혀 없다는 사실을 확인할 수 있을 것입니다. 오히려 좋은 제품을 할인된 회원가격으로 구입할 수 있고,

만족하지 못하는 제품은 반품을 할 수 있고, 사업의 기회를 가질 수 있는 것이 네트워크 마케팅입니다.

답변 4 네트워크 마케팅을 피라미드로 오해하는 가장 큰 이유 중에 하나는 먼저 시작한 상위그룹이 나중에 시작한 하위그룹을 갈취한다는 악덕상법으로 생각하고 있기 때문일 것입니다. 우선 피라미드의 삼각형 구조 자체는 문제가 되지 않습니다. 다만 그 동안에 악덕상인들이 피라미드 형태의 조직을 통해서 사회문제를 일으키고 있기 때문에 나쁜 인식을 갖고 있을 뿐입니다.

네트워크 마케팅에서는 먼저 시작했건, 나중에 시작했건 간에 땀흘려 노력한 만큼의 보상을 정당하게 제공해주는 시스템으로 되어 있습니다. 나중에 시작한 사람이 먼저 시작한 사람보다 많은 노력을 하였다면, 그에 상응하여 먼저 시작한 사람보다 많은 수입을 올릴 수 있는 것입니다. 조직의 구조와 노력한 만큼의 성과에 대한 보상이 별개로 적용되고 있는 것이 네트워크 마케팅의 수입구조이기 때문에 당신이 알고 있는 피라미드와는 전혀 다른 것입니다.

답변 5 당신이 알고 있는 피라미드라는 것은 어떠한 것입니까? 당신이 현재 제품을 구매하는 형태도 피라미드 구조로 되어 있습니다. 공장에서 만들어진 제품을 총판 → 도매상 → 소매상 → 소비자를 거치는 다단계 구조의 피라미드 형태로 되어 있는 것입니다.

이는 정부, 기업, 학교 등의 모든 조직에서도 마찬가지입니다. 그러나 네트워크 마케팅은 오히려 먼저 시작한 스폰서가 많은 사람들에게 경제적 · 시간적 자유를 누릴 수 있는 꿈의 실현을 도와줄 수 있는 역 피라미드의 형태로 되어있다고도 할 수 있습니다.

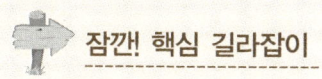 잠깐! 핵심 길라잡이

네트워크 마케팅과 피라미드 상법의 식별법

구분	네트워크마케팅	피라드상법
제품종류	중·저가의 소비재 중심	고가의 내구재 중심 금전배당 등 금융사기
가입비	없음	각종 명목으로 금품징수
사업성격	장기적인 서비스	단기적이고 일확천금을 선동
제품구매	강제구매 없음	실제적으로 강제구매
교육방법	자율적으로 단계별·체계적 교육	강압적인 세뇌교육
회원확보	회원확보의 의무가 없음	회원확보의 할당량 의무 부과
소득분배	나중 참여자도 능력에 따라서 고소득의 기회 제공	먼저 시작한 상위 일부에 혜택이 집중
반품세노	100%환불·반품 보장	교묘한 방법으로 환불·반품 회피 및 지연
제품재고	재고는 자신의 판단과 책임으로 확보	불필요하고, 과도한 재고를 확보하도록 함
사업방법	부업으로 출발 가능	처음부터 전업 유도
법적보호	합법적 규정	불법으로 규정

| 참고자료 | "변화된 나를 일으키고 부자가 되어라"

피라미드의 삼각형 구조는 가장 안정된 조직의 형태이다

　피라미드의 삼각형 구조 자체는 문제가 되지 않습니다. 삼각형 구조는 가장 안정된 조직의 형태입니다. 정부, 회사, 학교, 군대 등 모든 조직은 삼각형 구조로 되어 있습니다. 실제로 주식회사의 조직구조도 피라미드와 동일한 삼각형 구조로 되어 있습니다.

　어느 회사를 막론하고 사장은 회사를 창업하여 밑에서 일하는 직원들이 실적을 올릴 수 있도록 지원을 해주면서, 돈을 벌고 있는 것입니다. 이와 같이 삼각형 구조의 조직에서는 작은 힘으로 큰 것을 움직이는 「지렛대의 효과」를 얻고 있는 것입니다.

　네트워크 마케팅의 훌륭한 점은 평범한 사람도 자영업자로서 개인 사업체를 가질 수 있으며, 사장으로서 「지렛대의 효과」를 얻을 수 있다는 점입니다. 회사의 사장은 직원들이 벌어들인 수입 중에서 직원들에게 급여를 먼저 지불하고 남은 돈을 자신의 수입으로 하고 있습니다.

　만약에 사장이 밑에서 일하는 직원들에게 급여를 지불하지 않고, 자신의 수입만을 먼저 챙긴다면 그는 악덕 경영자가 될 것입니다. 네트워크 마케팅의 경우에도 먼저 시작한 사람부터 수입을 갖는 것이 아니고, 나중에 시작한 사람들부터 노력한 만큼의 수입을 배분하고 먼저 시작한 사람은 하위 구조의 사람들을 후원하여 준 대가로 수입을 얻게 되는 것입니다.

　당신이 어떤 사업체의 사장이 되어서 많은 사람들을 고용하면 할수록 종업원이 적은 사업체의 사장에 비해서 많은 수입을 올릴 수 있을 것입니다. 이와 마찬가지로 당신과 함께 일할 사람들이 많을수록 많은 「지렛대의 효과」의 힘을 얻을 수 있는 것이 네트워크 마케팅입니다.

| 참고자료 | "지렛대 효과와 홈비즈니스"

질문 | 왜, 하필 그런 일을 하느냐?

답변 1 저도 처음에는 「네트워크 마케팅 = 피라미드」라는 고정관념을 갖고 있었기 때문에 부정적인 시각에서 저와는 다른 세계의 사람들이 하는 것이라고 생각하였습니다. 그러나 친한 친구에게 이끌려서 네트워크 마케팅에서 성공한 사람들을 만나 보고서는 사회적으로 인정받고 있고, 저보다 훨씬 훌륭한 사람들도 하고 있다는 사실을 알게 되었습니다.

그리고 네트워크 마케팅에 대해서 깊이 이해하게 되면, 평범한 사람들이 자신의 노력에 따라서 얼마든지 도덕적이고, 합법적으로 부자가 될 수 있는 새로운 기회를 찾을 수 있다는 사실을 인정하게 되었습니다. 그래서 앞으로 직장을 그만 둘 것을 대비해서 특별한 자금이나, 마땅하게 할 것을 찾지 못하고 있는 저에게 현재 근무하고 있는 직장을 다니면서 준비할 수 있는 유일한 대안이라고 생각하고 있습니다.

답변 2 네트워크 마케팅이 역사상 최대의 유통혁명을 일으키고 있다는 사실을 이제는 많은 사람들이 이해하기 시작하였습니다만, 아무래도 실감할 수 없는 사람도 있을 것입니다. 최근의 네트워크 마케팅은 과거와 전혀 다른 사업형태로 되고 있는 것입니다. 과거에 네트워크 마케팅의 종사자들은 자택에 제품을 쌓아두고, 판매하면서 대금의 회수까지 직접 하였습니다. 이는 대단히 번거로운 일이었고, 다른 일에 종사하고 있는 사람들에게는 적합하지 않았던 것입니다.

그러나 인터넷 혁명과 택배산업의 발전에 따라서 이러한 모든 일들을 네트워크 마케팅 회사에서 대신 해 주고 있습니다. 또한 대금결제를 카드결제시스템으로 할 수 있어, 대금회수의 어려움도 해결되고 있습니다. 과거에 직접판매의 형태에서 근대적인 하이테크 비즈니스로 변모하여서 SOHO(Small Office Home Office) 비즈니스로 가능하게 되었습니다. 그래서 저의 경우에는 현재 직장을 다니면서, 구조조정, 정리해고 등과 같은 불확실한 미래를 대비하기 위해서 SOHO 비즈니스에 참여하고 있는 것입니다.

답변 3 영원히 존재하는 기업이 없듯이 평생직장도 존재하지 않습니다. 워크아웃은 기업에만 해당되는 것이 아닙니다. 개인도 나이를 먹으면서 가장 먼저 자기 자신의 구조조정을 하여야 합니다. 만약에 당신이 축음기를 만드는 최고의 기술자였다고 합시다. 그러나 현 시점에서 아무도 사용하지 않는 축음기 기술자가 어떤 의미가 있다고 생각합니까? 변화에 앞서가는 사람은 부를 축적할 수 있겠지만, 변화를 따라 가지 않는 사람은 낙오하게 됩니다.

시대가 바뀌고 네트워크 마케팅의 형태도 인터넷 혁명과 택배산업의 발전에 따라 바뀌다 보니 더 많은 자유스러운 시간과 경제적으로 풍요로운 삶을 누릴 수 있는 도구로써 바뀌고 있습니다. 그래서 현재와 같이 급속하게 세상이 변화하고 있고, 앞으로도 큰 변화가 있을 것이라는 사실을 이해할 수 있는 사람에게는 네트워크 마케팅이야말로 아주 좋은 기회가 될 것입니다.

이와 같이 앞으로 큰 변화가 있을 것을 실감하고 있는 변호사, 의사, 대학교수, 언론사 간부 등 전문직 종사자들이 네트워크 마케팅에 많이 참여하고 있습니다. 저의 경우에도 보다 많은 수입과 시간적으로 구애받지 않는 자유로운 생활을 누리기 위해서 새로운 직업으로 변신을 시도하고 있는 것입니다.

답변 4   어느 시대를 막론하고 직업에 대한 편견이 있기 마련입니다. 그러나 네트워크 마케팅만큼 많은 사람들이 알아보려고도 하지 않으면서, 마치 모든 것을 알고 있는 듯이 착각하여 말하고 있는 것도 드물다고 생각합니다.

우리의 삶에서 중요한 기회는 불확실한 모습으로 다가오는 경향이 있습니다. 그래서 이제까지 우리에게 익숙하지 않았던 새로운 것이 등장할 때마다 저항과 부정적인 감정이 앞서게 됩니다. 진정으로 자신에게 중요한 기회를 찾고자 한다면, 편견을 갖지 않고 마음의 문을 활짝 열고 새로운 기회에 대해서 알아보아야 합니다.

당신이 현재 이용하고 있는 할인점을 최초로 도입한 샘 월튼은 월마트를 창업하여 중간유통단계인 총판과 도매업체를 배제하는 유통혁명을 일으켰습니다. 그 결과, 그는 역사에 남는 세계적인 갑부가 되었습니다. 그러나 네트워크 마케팅은 더 큰 유통 혁명을 가져오고 있는 예상 가능한 사업입니다.

네트워크 마케팅의 발상지인 미국에서는 제품유통의 30%이상이 네트워크 마케팅을 통해서 유통되고 있다고 합니다. 국내의 경우에는 아직까지도 한자리 숫자의 수준에 머물고 있기 때문에 미국의 성장을 참고한다면, 앞으로의 가능성은 무궁무진하다고 할 수 있습니다.

이와 같이 네트워크 마케팅은 현재의 할인점을 대체할 수 있는 대안으로서 역사상 최대의 유통혁명을 일으키고 있습니다. 21세기의 가장 효율적인 유통 기법으로써 급속하게 확대되고 있는 네트워크 마케팅을 통해서 경제적, 시간적 자유를 누릴 수 있는 저의 꿈을 이룰 수 있는 기회를 잡기 위한 준비를 하고 있는 것입니다.

답변 5 이제까지 부자는 대개 부자로 살다 가고, 가난한 사람은 계속 가난에서 허덕이다가 끝내 가난의 끈을 끊지 못하고 한 많은 세상을 하직하고 있습니다. 전 세계의 가난한 사람들에게 부자가 될 수 있는 희소식을 전해준 경제이론과 학자는 이제까지 등장하지 않았습니다. 국부론을 주장한 아담 스미스, 모든 인민을 공평하게 잘 살게 하겠다는 공산주의 이론의 마르크스, 근대 경제학의 대표적인 학자이었던 케인즈조차도 가난한 사람들이 잘 살 수 있는 부(富)의 혁명을 가져오지 못했습니다.

하지만 네트워크 마케팅은 가난한 사람에게도 부자가 될 기회를 제공해 주고 있습니다. 가난하고, 실패한 사람이 네트워크 마케팅을 통해서 부자가 되는 기적 같은 일을 종종 볼 수 있습니다. 특히 이제까지 부자의 꿈을 포기하고 살았던 일반서민들에게 부자가 될 수 있는 기회를 가져다 주고 있는 것입니다.

이와 같이 네트워크 마케팅은 일반서민들에게는 「경제적 복음」이라고 할 수 있습니다. 그래서 부모로부터 특별히 물려받은 것도 없고, 그렇다고 모아 둔 재산도 없는 저의 처지에서 앞으로 남은 인생에서 경제적, 시간적 자유를 누릴 수 있는 기회로 활용하고자 네트워크 마케팅을 시작하였습니다.

답변 6 제가 네트워크 마케팅의 세계를 바깥에서 보았을 때에는 합법적인 네트워크 마케팅과 불법 피라미드의 차이를 이해하지 못하여, 이 사업은 제품을 팔기 위해서 사람들을 열심히 끌어 모으는 피라미드 상법이라고 생각하였습니다.

그러나 보다 상세히 알아본 결과, 네트워크 마케팅은 자신은 물론 주변사람들에게 경제적 수익과 사회적 보람을 향한 꿈을 실현시킬 수 있는 기회를 제공해 주고 있다는 사실을 알게 되었습니다. 이 사업은 현재 하고 있는 일을 그만두지 않고, 추가적인 수입원을 만들 수 있는 합법적이고, 도덕적인 사업이라는 확신을 갖게 되었습니다.

  아마도 제가 모르고 있는 부분도 있을지 모르겠습니다. 당신이 저의 스폰서를 직접 만나거나 모임에 참석해서 당신의 생각을 말해주고, 당신이 느낀 점을 말해 준다면 저도 다시 한번 생각해 보겠습니다.

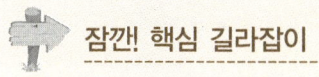 잠깐! 핵심 길라잡이

미래를 예측할 수 있는 사람만이 성공할 수 있다

우리가 네트워크 마케팅에 대해서 조금이라도 관심을 갖고 알아본다면, 시대의 흐름을 거역할 수 없다는 점을 알 수 있을 것입니다. 다가오는 미래를 예측하고 그 변화에 적응할 수 있는 사람이 성공할 수 있는 것입니다. 과거에 지식인들조차도 미래를 제대로 예측하지 못하고 "그런 것은 실현될 수 없다."고 단정하였지만, 지금은 현실화되어 있는 사례들에 대해서 알아보도록 하겠습니다.

예전에는 최선의 선택이었지만, 시간이 지나면서 최악의 선택이 될 수 있습니다. 이러한 사례들중에는 그 당시에는 대부분의 사람들이 공감하였지만, 지금에 와서는 정말로 어처구니가 없을 정도로 이해가 되지 않는 사례도 있습니다.

"고속열차는 불가능하다. 왜냐하면 너무 빨리 달려서 승무원들이 질식해서 죽게 되어 운행될 수 없기 때문이다."

- 디오니서스 라드나(1793-1859),
런던 유니버시티 칼리지 자연철학 및 천문학 교수

"미국인은 전화가 필요할지도 모르지만, 우리는 필요하지 않다. 왜냐하면 영국에는 많은 우편배달원이 있기 때문이다."

- 윌리엄 프리스 남작(1876년), 영국 우정성 주임 엔지니어

"나는 단언할 수 있다. 파리박람회가 끝나면서 전구도 사라지게 된다. 그래서 앞으로 전구에 대한 이야기도 하지 않게 될 것이다."

- 에라스마스 윌슨 교수, 영국 옥스포드대학 교수 -

"자동차는 일시적인 유행에 지나지 않을 것이다. 그래서 앞으로도 마차가 운행될 것이다."

- 미시건 세이빙 뱅크 은행장이
헨리 포드의 변호사 호레스 락맨에게 전한 이야기(1903년),
락맨은 이러한 충고를 무시하고 포드사의 주식에 5천 달러 투자를 한 후에
약 12억5천달러에 매각하였다.

"TV가 사람들의 흥미를 갖게 하는 것은 처음의 6개월 정도일 것이다. 사람들은 매일밤 마다 나무로 만든 상자를 보는 것에 곧 지루하다는 생각을 할 것이다."

- 다리르 F · 자낙(1946년), 20세기 폭스 사장-

기회는 모르게 왔다가 슬며시 사라져 버리는 것이다

우리들에게 주어지는 기회는 항상 모습을 숨기면서 나타납니다. 기회라는 것은 어느 시대를 막론하고 그 시대에 받아들여지지 않는 모습을 하고 있기 때문입니다. 그리고 그 기회는 한 순간에 사라져버립니다. 그래서 그 기회를 잡을 수 있는 사람이 많지 않은 것입니다.

그리스의 한 도시에 「기회」라고 불려지는 동상이 있다고 합니다. 그 모습이 앞머리는 머리가 무성하지만, 뒷머리는 대머리이고, 발에는 날개가

달려 있다고 합니다. 앞머리가 무성한 이유는 사람들이 보았을 때 쉽게 붙잡을 수 있도록 하기 위해서이고, 뒷머리가 대머리인 이유는 한번 지나가면 사람들이 다시는 붙잡지 못하도록 하기 위해서라고 합니다. 또한 발에 날개가 있는 이유는 최대한 빨리 달아나기 위해서라고 합니다.

이와 같이 「기회」라는 것은 그리 인자하고 친절한 모습을 하고 있지 않습니다. 언제나 얼굴만 비추고는 뒤를 돌아보지 않고 제 갈 길을 가버리는 것이 「기회」가 갖고 있는 특징입니다. 그래서 자신에게 「기회」가 잘 찾아오지 않는다고 한탄을 하기보다는 언제 찾아올지 모르는 「기회」를 놓치지 않고 잡는 것이 중요합니다. 「기회」는 항상 준비된 사람에게만 주어지기 때문입니다.

기회를 놓치는 이유는 크게 두 가지가 될 수 있습니다. 첫 번째는 자신에게 모처럼 찾아 온 기회를 인식하지 못하기 때문에 대부분의 사람들이 놓쳐 버린다고 합니다. 그리고 두 번째는 사전에 준비를 하지 못해서, 기회가 찾아 온 것을 알고서도 붙잡을 수 없다고 합니다.

변화에 적응하지 못하면 살아 남을 수 없다

세상에 변하지 않는 것은 없습니다. 단지 「모든 것은 한결같이 변한다」는 사실만이 변하지 않는 것입니다. 따라서 언제나 깨어 있는 눈으로 변화를 읽어야 합니다. 그리고 그 변화에 적응해 나가야 합니다.

흐르는 물에 발을 담궜을 때 자신이 정지해 있기 때문에 물도 마치 정지해 있는 것처럼 보이고 있습니다. 그러나 물은 우리의 의지와 상관없이 끊임없이 흘러가고 있습니다. 비록 같은 물에 발을 담그고 있는 것으로 느낄지 몰라도, 결코 같은 물에 두 번 발을 담글 수는 없는 것입니다. 지금 발가락을 간지럽히며 흐르고 있는 그 물은 어느 사이에 흘러가버려, 다시는 돌아오지 않습니다.

이와 같이 우리의 삶은 다시 올 수 없는 변화의 흐름 속에 생활하고 있습니다. 그저 멈추어서 변화하려 하지 않으면 자신도 모르는 사이에 어느 틈엔가 그 변화의 흐름에 떠밀려 다시는 돌아올 수 없는 곳으로 떠내려가게 되는 것입니다.

어떤 변화가 우리 앞을 지나가고 있을 때, 사람들은 자신이 하고 있는 것에만 안주하는 모습을 보입니다. 이미 자신들이 가지고 있는 것만 붙들고 있으면서 안도감을 느끼면서 변화를 싫어하고 저항하고자 합니다. 이러한 사람들은 자신이 폐쇄된 공간에 머물고 있다는 사실을 전혀 알지 못하고 있는 것입니다.

마치 거북이가 제 껍데기 속으로 숨어 버리듯, 이런 사람들은 자신만의 공간 속으로 숨어 버림으로써 기회를 놓치고 있는 것입니다. 현실에 안주한다고 해서 현상유지란 있을 수 없으며 오히려 퇴보한다는 점입니다. 항상 일정한 상태로 머물 수 없는 것입니다.

세상을 살아가는 가장 중요한 지혜는 변화에 적응하는 것입니다. 그것은 「삶이 곧 변화」이기 때문입니다. 역사적으로 강한 자만이 살아남는 것이 아니라, 변화에 적응하는 자만이 진정한 강자가 된다는 것을 보여 주고 있습니다. 아무리 강한 자라도 변화의 시대에 역행하면 반드시 도태되게 되어 있습니다.

어쨌거나 변화는 계속되고 있기 때문에, 이를 방관하지 않고 당신의 꿈을 이룰 수 있는 방향으로 변화의 기회들을 활용하는 것이 대단히 중요한 일입니다. 변화의 모양과 상황들은 회피할 수도 없고, 그냥 좌시만 하고 있을 수 없는 것입니다. 당신은 변화에 적극적으로 동승하여 활용하여야 합니다.

| **참고자료** | "변화된 나를 일으키고 부자가 되라"

질문 | **나는 세일즈를 싫어하고, 하고 싶지도 않다**

답변 1 다른 사람들도 당신과 마찬가지로 세일즈를 싫어합니다. 세일즈란 눈앞의 수익을 얻고자 수단과 방법을 가리지 않고 다른 사람들에게 굽실거리면서 제품을 파는 것이라고 생각하기 때문입니다. 그러나 네트워크 마케팅은 세일즈가 아닌 정보를 전달하는 사업입니다.

당신은 분위기와 맛이 좋았던 식당에 갔다 오면 친구나 가족들에게 그곳을 추천해 줄 것입니다. 당신이 주변 사람들에게 좋은 식당을 알려 주는 것은 그들로부터 어떠한 반대급부를 기대하고 하는 것이 아니고, 오히려 그 사실을 알려주는 것이 주변 사람들에게 도움이 된다고 생각하기 때문일 것입니다.

대부분의 사람들은 제품을 파는 세일즈 활동은 잘 못하지만, 이와 같이 가족이나 친구들에게 좋은 정보를 알려주려고 하는 것은 좋아하고 매우 잘합니다. 일상생활을 하면서 입소문의 광고선전을 자신도 모르는 사이에 하고 있는 것입니다. 그러나 네트워크 마케팅은 이러한 구전광고에 대해서 회사로부터 보상을 받는 것입니다.

그래서 네트워크 마케팅은 일상적인 생활이 사업으로 되는 것입니다. 단지, 자기가 이제까지 사용하던 제품을 바꿔 써보고 만족하게되면, 자연스럽게 주변 사람들에 제품의 좋은 점에 대한 자신의 경험을 이야기해주면 됩니다. 일상생활에서 이미 사용하던 것들을 더 좋은 품질의 것으로 바꿔 쓰게 하는 것입니다.

이러한 과정을 통해서 당신의 소비자 그룹이 자연스럽게 늘어날 것입니다. 당신은 단지 이렇게 형성된 소비자그룹을 기반으로 그들과 유대관계를 유지하면서 제품을 사용하게 하는 고정 서비스와 그 중에서 자영사업으로 하고자 하는 사람을 도와 후원하는 일만 하면 되는 것입니다.

답변 2 저도 처음에는 네트워크 마케팅을 하기 위해서는 세일즈를 하여야 한다고 생각하였습니다. 또한 세일즈를 잘하기 위해서는 재주나 능력이 있어야 한다고 생각하였습니다. 그러나 네트워크 마케팅에서 중요한 것은 세일즈 능력이 아니고, 인간적 신뢰관계입니다.

네트워크 마케팅이 판매사업이라고 하면 과거에 세일즈의 경험이 많았던 사람들이 반드시 성공하여야 하는 것이 당연하다고 할 수 있을 것입니다. 그러나 실제로는 오히려 과거에 세일즈의 경험이 전혀 없었던 평범한 사람들이 더 많이 성공을 하고 있다는 사실입니다.

네트워크 마케팅은 단지 제품을 파는 것만을 목적으로 하고 있는 것이 아니기 때문에, 과거에 판매한 경험이 없어도 성공할 수 있습니다. 네트워크 마케팅에서 가장 성공하는 사람들은 좋은 인간관계를 갖고 있는 사람들입니다.

당신은 텔레비전에서 제품을 광고하는 모델보다도, 당신이 신뢰하고 있는 친지의 권유를 받아들이기 쉬울 것입니다. 당신의 친구도 당신을 신뢰하고 있다면 당신의 말을 믿을 것입니다. 이와 같이 좋은 제품과 사업 기회의 정보를 가족과 친구 등 주변 사람들과 서로 나누어 가짐으로써 신뢰를 더욱 돈독하게 하는 것이 네트워크 마케팅입니다.

답변 3 당신은 네트워크 마케팅을 하면서 제품을 다른 사람에게 판매하고, 대금을 회수하고 하는 등의 번잡한 일을 할 필요가 없습니다. 세일즈와 마케팅은 엄연히 다른 개념입니다. 세일즈는 「제품과 대금을 주고받으면서 거래를 하는 것」이고, 마케팅은 「제품에 대한 구매 욕구를 자극하여 상대방이 스스로 구매하게 하는 것」이라고 구분하여 정의할 수 있습니다.

그래서 네트워크 세일즈라고 하지 않고 네트워크 마케팅이라고 하는 이유는 판매를 의미하는 세일즈가 아니기 때문입니다. 당신은 주변 사람들과 이야기를 하면서 마음에 들었던 제품이나 서비스에 대해서 이야기해 본 적이 있었을 것입니다. 이것이 바로 입소문을 통한 구전광고이고, 이러한 입소문을 통해서 새로운 정보를 전해 받은 사람은 그 제품을 구매하려 할 것입니다. 이는 어떠한 새로운 정보에 대해서 서로가 함께 공유하는 네트워크에 참여하는 것입니다. 단지 그것에 대해서 보상을 받지 못하고 있는 것입니다.

다만 네트워크 마케팅에서는 이러한 자연스러운 구전광고를 통해 제품이 유통되는 과정에서 회원들에게 금전적 보상을 해주는 것입니다. 그래서 당신은 제품을 파는 것이 아니고, 제품을 사용해 보고 만족하게 되면, 입소문의 구전광고로 주변 사람들에게 알려주어 상대방의 자유로운 판단에 따라서 그들이 회사에서 직접 구매할 수 있게 도와 주는 일을 하는 것뿐입니다.

답변 4 대부분의 사람들은 제품을 파는 것은 싫어하지만, 제품을 사용하는 것은 좋아합니다. 이 세상에서 파는 것을 좋아하고, 잘 하는 사람은 5%정도라고 합니다. 그러나 네트워크 마케팅은 파는 것을 좋아하지 않는 95%의 사람들을 위해서 만들어진 것입니다. 그럼 팔지 않고 어떻게 하여야 하는 것인가? 이에 대한 대답은 자신이 직접 사용해 보았던 제품의 좋은 점에 대한 경험과 확신을 주변사람들에게 전달하면서 소비자 클럽을 형성하는 것입니다.

우리가 TV나 신문 등의 대중광고나 정보제공에 대해서 회의적 시각으로 바라보고 무시하는 경우가 대부분입니다. 그러나 주변의 신뢰하고 있는 사람들로부터의 입소문에 대해서는 상당한 믿음을 갖게 됩니다. 이렇게 신뢰하는 사람들끼리 모여 제품의 좋은 점을 주변사람들에게 알려주고, 그 제품이 더 많은 사람들 사이에서 유통됨에 따라서 발생하는 이익을 모두가 더불어 나누어 가져서, 함께 풍요롭게 살아보자는 것이 네트워크 마케팅입니다.

답변 5 당신이 "세일즈만큼은 하고 싶지 않다"는 심정은 충분히 이해하고 있습니다. 이는 마음속에 「세일즈 = 괴로운 일」이라는 이미지를 갖고 있기 때문일 것입니다. 그리고 세일즈라고 하는 행위는 많은 거절을 당한다는 것을 경험적으로 알고 있는데서 기인할 것입니다. 그러나 당신이 결과에 집착하지 않으면, 상대방이 거절하였다고 해서 괴로운 일이 생기지 않을 것입니다.

누구에게 알려주어야 하겠다는 선택권은 당신이 갖고 있지만, 그것을 받아들이는 결정권은 상대방이 갖고 있다는 점을 인정하면 마음이 불편해질 이유가 없습니다. 그들이 거절하는 것은 당신이라는 개인에 대해서가 아니고, 단순히 당신이 전달하고자 하는 제품과 사업기회에 대한 제의에 대해서 거절하는 것이라고 생각한다면 섭섭한 마음도 생기지 않을 것입니다.

또한 네트워크 마케팅에서는 판다는 용어가 전혀 어울리지 않고, 오히려 자신이 사용해 보고서 만족할 수 있었던 좋은 제품과 사업 기회에 대해서 알려 주는 것이라고 말하는 편이 옳을 것입니다. 이 세상에는 아무리 좋은 것을 알려주어도 이를 받아들이지 않는 경우가 비일비재합니다. 모든 사람들이 생각하고 있는 방식이 같을 수 없다는 사실을 인정하고, 상대방의 입장에서 그들에게 맞지 않기 때문에 받아들이지 않는다면, 그것으로 만족하면 되는 것입니다.

답변 6   나도 세일즈를 좋아하지 않고 잘 하지도 못합니다. 결론부터 말하자면 네트워크 마케팅은 세일즈가 「아니다」라는 것이 정답입니다. 네트워크 마케팅이라고 하면 우선적으로 머리에 떠오르는 것이 주변 사람들에게 제품을 강요해서 판매하는 일이라고 생각하는 사람들이 많이 있습니다. 그리고 경제적으로 어렵게 살아가는 사람들이 현혹되는 말로 제품을 판매하는 것이라고 생각하는 경우도 있을 것입니다.

그러나 이는 네트워크 마케팅의 진정한 개념을 모르고 있기 때문에 나타나는 현상입니다.

네트워크 마케팅은 세일즈맨과 같이 판매를 하여야만 하는 할당량도 없고, 누구로부터 간섭을 받으면서 하는 것이 아닙니다. 따라서 다른 사람에게 제품을 구입하라고 강요할 필요도 없습니다.

네트워크 마케팅은 자신이 분양 받은 쇼핑몰에서 쇼핑하는 방법과 잠재적으로 어떻게 수익이 발생하는지를 주변 사람들에게 알려주기만 하면 되는 것입니다. 당신은 단지 주변 사람들에게 일상생활에 필요한 제품들을 구입하는데 들어가는 시간과 비용을 절약하는 방법과 자신의 쇼핑몰을 운영하여 돈을 벌 수 있는 방법을 알려주기만 하면 되는 것입니다.

답변 7   우선 이야기하고 싶은 점은 우리가 살아가면서 언제나 자신의 인격을 세일즈하고 있다는 사실입니다. 다만 이러한 사실을 인식하지 못하고, 세일즈 활동을 하면서 일상생활을 하고 있는 것뿐입니다. 애인에게 프로포즈를 할 때, 종업원을 채용할 때, 부하직원에게 일을 시킬 때, 강아지를 길들일 때, 아이를 가르칠 때 등 우리가 생활하면서 자신이 의도하는 목적의 달성을 위하여 상대방이 움직이도록 하는 세일즈 활동을 하고 있는 것입니다.

네트워크 마케팅의 진정한 의미는 자신은 물론 주변 사람들에게 경제적 수익과 사회적 보람을 향한 꿈을 실현시킬 수 있는 기회를 제공하는 것입니다. 그래서 네트워크 마케팅에서 세일즈 활동은 모두가 물심양면으로 행복을 추구해 가는 기회를 알려주고, 모두가 발전할 수 있도록 안내를 하는 것이라고 할 수 있습니다. 네트워크 마케팅 세계에서 자주 더불어 나누어 갖는다라는 용어가 사용되고 있듯이, 바로 그런 정신세계의 사업입니다.

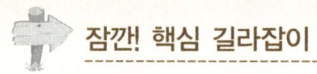

입소문의 위력

누군가가 당신이 새로 구입한 시계에 관심을 보이면서 어디에서 구입했는가를 물어 오는 경우가 있을 것입니다. 그러면 당신은 어디에서 샀다고 알려 줍니다. 이것이 입소문을 통한 제품의 선전이 되는 것입니다. 이번에는 친구가 최신형의 휴대폰을 갖고 있다고 합시다. 당신은 그 휴대폰에 대해서 관심을 갖고 물어 볼 것입니다. 그 친구는 휴대폰의 최신 기능에 대해서 이것저것 알려 주면서 대단히 만족하고 있다고 말합니다.

여기에서도 단지 보상을 받지 못하고 있을 뿐이지 제품의 선전이 되고 있는 것입니다. 사람들은 입을 통해서 무언가를 전달하고자 하는 인간적인 속성을 갖고 있습니다. 또한 사람들은 무엇인가를 결정하려고 할 때에 본능적으로 주변 사람들의 조언에 의존하는 경향이 있습니다. 이러한 현상은 언제, 어디서나, 누구나 하고 있어서 자연스럽게 일어나고 있는 것입니다.

이러한 입소문을 마케팅에 활용하는 것이 네트워크 마케팅의 기법입니다. 입소문은 좋은 제품을 사용해 본 사용자들이 자연스럽게 주변에 있는 사람들에게 이야기하는데서 출발합니다. 이는 인류가 물건을 상업적으로 팔기 시작할 때부터 사용한 최초의 마케팅 수단입니다.

입소문은 제품의 사용 경험이 있는 사람들의 자발적 참여에 의해서 자연스럽게 전파하는 특성 때문에 매체를 통한 광고선전에 비해서 큰 효과를 거두고 있습니다. 이러한 입소문의 위력은 발 없는 소문이 천리를 가듯이 점점 더 확대되어 나가는 자연스러운 속성을 갖고 있는 것입니다.

마케팅과 세일즈는 엄연히 다른 분야이다

많은 사람들이 마케팅과 세일즈의 개념을 명확하게 구분하지 못하고 있어, 마케팅은 밑에 있는 사람들이 하는 것으로 생각하는 경우가 흔히 있습니다. 어쨌든 제품이 유통되어야 하기 때문에 언뜻 생각하면 그리 잘못 생각하고 있다고만 할 수 없을 것 같습니다. 그러나 그렇게 단순하게 생각해서는 안됩니다.

마케팅과 세일즈는 엄연히 다른 분야입니다. 세일즈는 「제품과 대금을 주고받으면서 거래를 하는 것」이고, 마케팅은 「제품에 대한 구매 욕구를 자극하여 상대방이 스스로 구매하게 하는 것」이라고 구분하여 정의할 수 있습니다.

네트워크 마케팅은 신뢰하는 사람들끼리 모두가 제품의 좋은 점을 주변 사람들에게 알려주고, 그 제품이 많은 사람들 사이에서 유통됨에 따라서 발생하는 이익을 모두가 더불어 나누어 가져서, 함께 풍요롭게 살아보자는 새로운 소비자집단을 형성하는 것입니다.

이는 우리 사회에 만연되어 있는 학연, 지연, 혈연으로 이루어지는 기존의 「3연(緣)」을 뛰어 넘는 소비자 중심의 새로운 인연을 만들어 가는 것입니다. 여기에서 소비자는 제품을 사용만 하는 단순히 소비자가 아닌 것입니다. 인간의 본성이란 무엇인가 말하고, 듣고 싶어하는 것입니다. 즉 새로운 소식과 좋은 소식을 전해 주고 듣고 싶어하는 것입니다. 이러한 인간적 본성이 네트워크 마케팅에 그대로 적용되어서 제품의 좋은 점과 사업의 기회에 대해서 전달을 해주는 것입니다.

네트워크 마케팅에서 생기는 수입은 회사를 대신해서 주변의 여러 사람들에게 제품의 좋은 점을 알려주고, 구매 방법 및 사업을 하는 방법에 대해서 가르쳐 주는 대가로 생기는 것입니다. 이는 판매를 위해서 직접 점포에 제품을 진열하고 고객을 상대하여 제품을 팔고 대금을 받는 거래를 하면서 이윤을 남기고 수입이 생기는 판매하고는 전혀 다른 것입니다.

또한 세일즈맨과 같이 제품을 파는 것이 아니고, 팔아야 하는 할당량도 없습니다. 네트워크 마케팅은 입소문의 구전광고를 통해서 제품에 대한 구매 욕구를 자극하고, 자영사업자로서의 기회를 알려주는 구전광고 및 회원관리의 기능을 위탁받아서 하는 것뿐입니다.

「판매」라는 두 글자를 머리에서 지워버려라

네트워크 마케팅을 시작하면서 대부분의 사람들이 첫 번째로 벽에 부딪치게 되는 것이 「팔리지 않는다」는 것입니다. 팔지도 못하고 사람들도 끌어들이지 못하는 것입니다. 그래서 많은 사람들이 시작 단계에서 좌절하여 "이 일은 어렵다. 나에게는 적합하지 않다."고 하면서 포기해 버리고 마는 것입니다. 재! 그럼 여기서 대단히 중요한 것을 하나 이야기하겠습니다.

확실히 네트워크 마케팅은 제품을 유통시키기 위한 도구입니다. 이는 판매를 통해서 이루어져야 하는 것이 틀림이 없습니다. 그러나 실제로 활동을 하는데 있어서는 이러한 「판매」라는 두 글자를 머리에서 지워버리는 것이 중요합니다. 「판다」든가 「판매」를 하고자 하기 때문에 거절을 당하는 것입니다. 상대방에게 팔고자 하면, 할수록 사람들은 뒤로 물러나려고 합니다.

그럼 팔지 않고 어떻게 하여야 하는가? 이에 대한 대답은 전달을 하는 것입니다. 여기서 전달이라는 것은 단지 「제품의 설명」이라는 「지식」을 전달하는 것이 아니고, 감동을 전달하는 것입니다. 상대방의 머리에 호소하는 것이 아니고, 가슴에 호소하는 것입니다. 이론적이 아니고, 감정에 호소하는 것입니다.

네트워크 마케팅에서는 제공하는 것이 많이 있습니다. 품질이 좋은 제품, 성공에 대한 열정, 풍족한 보상, 해외여행…… 어떠한 것이라도 좋습니다. 자신이 감동하였던 것, 상대방이 감동할 수 있는 것을 찾아내서 전달하는 것입니다.

그러나 상대방의 마음을 열게 하는 것만큼 어려운 것이 없습니다. 그 증거로 성급한 마음으로 제품의 카탈로그를 갖고 아는 사람들을 방문하여 전달해 보면 거의가 경계하고, 편안한 상태에서 이야기를 들어주지 않는 것입니다.

하지만 당신이 직접 제품을 써보고 극적인 체험을 전달하면서, 상대방의 입장에서 얻을 수 있는 혜택을 알려주면 처음부터 마음을 완전히 열고 들어주려고 할 것입니다. 그래서 제품의 좋은 점부터 전달하는 것이 무난합니다. 상대방의 입장에서는 제품의 좋은 점을 직접 체험해본 사람의 경험을 아무런 부담감 없이 귀를 기울여주기 때문에 이야기가 간단하게 됩니다.

그럼 제품을 애용한 경험이 없는 사람은 어떻게 하여야 하나? 이런 경우에는 전달할 수 없는 것입니다. 이렇게 이야기하면 네트워크 마케팅에 대해서 오해를 하고 있는 사람이라면 제품을 팔아먹기 위해서 하는 말이라고 오해도 할 수 있습니다. 그렇지만 제품의 좋은 점이 상대방에게 얼마큼 도움이 될 수 있는지를 직접 체험을 하지 않고서는 사업이 진행될 수 없습니다. 반신반의하고 어설프게 전달하여 계속해서 거절을 당하게 되면, 하고자 하는 의욕조차도 상실하게 되는 것입니다. 이런 경우에는 잠시 시간을 두고 실제로 제품을 사용해 보고 조금 더 「알아보는 것」이 중요합니다.

세일즈 없는 인생은 존재하지 않는다

우리 인생의 모든 면에서 우리가 인식하지 못할 뿐이지 실제로 세일즈 행위를 매일매일 하고 있습니다. 즉 당신이 아무리 훌륭한 것을 갖고 있어도, 그것을 사람들에게 잘 권유해서 세일즈를 하지 못하면 당신의 꿈을 이룰 수 없는 것이다.

당신이 아무리 좋은 계획을 갖고 있어도 회사의 동료나 상사에게 설득하여 세일즈를 할 수 없다면 그 아이디어는 한푼의 가치도 없게 됩니다. 당신의 재능이나 능력을 제대로 알아주지 않는 상사에게는 당신의 능력을 충분히 발휘할 수 없습니다. 또한 당신이 할 수 있는 것을 다른 사람들로부터 인정받지 못하는 한, 당신이 원하는 것을 손에 넣을 수도 없습니다.

남녀관계에 있어서도 당신이 좋아하는 애인이 생겨도 그 애인에게 당신이 잘 보여서 세일즈를 할 수 없다면 그 애인을 당신의 사람으로 할 수 없을 것입니다.

당신이 아무리 훌륭한 소설을 써도, 그것을 출판사에 잘 설명하여 그 가치를 편집자에게 감탄시키지 못하면 목적을 달성할 수 없습니다. 당신이 이번 휴가에 아무리 가슴이 설레이는 여행계획을 갖고 있어도, 가족들에게 그 계획을 설명하여 동의를 얻지 못하면 그것은 단지 그림의 떡에 지나지 않게 될 것입니다.

아이들이 부모에게 갖고 싶은 게임 소프트를 사달라고 조르는 것도 말하자면 일종의 세일즈 개념입니다. 이렇게 생각해 보면 인생의 모든 것이 세일즈라고 생각해도 좋습니다. 다시 말해서 우리의 인생이라는 것은 자신의 입장을 설명하여, 자신이 추구하고자 하는 생각대로 세일즈하기 위하여, 다른 사람을 설득하는 과정의 연속이라고 할 수 있습니다. (상거래에서 제품을 팔려고 하는 것을 좁은 의미의 세일즈라고 한다면)

세일즈에 능숙해지면 당신의 인간관계가 비약적으로 향상되고 당신의 인생을 크게 발전시켜 줄 것입니다. 왜냐 하면 「세일즈 = 인간관계」이기 때문입니다. 당신의 꿈이 크면 클수록 많은 사람들의 협력을 얻지 않으면 안 됩니다. 이 경우에 당신 자신에 대한 세일즈를 해서 상대방의 협조를 얻지 않으면 안 되는 것입니다. 어느 의미에서 세일즈라는 것은 바로 인간을 연구하는 것입니다.

이 세상은 어차피 인간관계입니다. 무인도에 살지 않는 한, 적어도 다른 사람들과 관계를 맺지 않고서는 살아 갈 수 없는 것이 우리들 인간입니다. 한자로 사람을 사람 인(人)과 사이에 간(間)을 써서 인간(人間)이라고 합니다. 부모와 자식간의 관계, 부부간의 관계, 고부간의 관계, 애인간의 관계, 친척간의 관계, 회사의 동료 간의 관계, 상사나 후배와의 관계……. 이렇게 모든 것이 인간관계로 형성되어 있기 때문입니다. 세일즈는 정말로 심오한 일입니다.

| 참고자료 | "평범한 당신도 부자가 될 수 있는 네트워크 마케팅"

질문 │ **다른 사람들을 이용하여 돈을 버는 것이 아닌가?**

답변 1 당신이 백화점에 근무하는 직원이라고 가정합시다. 백화점의 사장은 당신에 비해서 몇 배나 많은 돈을 벌 것입니다. 그렇다고 해서 백화점의 사장이 당신을 이용해서 돈을 벌고 있다고는 할 수 없을 것입니다. 또한 당신은 백화점의 사장에게 이용당하고 있다고는 할 수 없을 것입니다. 오히려 일자리를 제공해준 백화점의 사장에게 고마워하여야 할 것입니다.

네트워크 마케팅에서는 누구나 독립적인 자영업의 사장이 될 수 있습니다. 그래서 기업체의 사장들이 많은 종업원들을 거느리면서 일자리를 제공해주고 수익을 올리는 것과 같이, 네트워크 마케팅에서도 회원들을 후원해 주고 그들이 노력한 작은 힘이 모아져서 큰 힘으로 되는 「지렛대의 효과」를 통해서 수익을 올리는 것입니다. 다만 이러한 사실을 제대로 이해하지 못하면, 다른 사람들을 이용해서 돈을 버는 것처럼 보이는 것입니다.

답변 2 네트워크 마케팅은 다른 사람을 이용해서 성공하는 것이 아니라, 순전히 자신이 노력한 성과에 근거하여 성공할 수 있습니다. 오히려 다른 사람을 위해서 헌신적으로 노력하여 성공을 시켜야만, 보상을 받을 수 있게 되어있습니다.

네트워크 마케팅은 공평한 분배의 기준으로 각자의 노력에 비례해서 장려금을 제공해 주고 있는 역사상 가장 효과적이고 도덕적인 마케팅 기법이기 때문에, 다른 사람을 이용해서 자신만의 욕심만을 채우려고 하는 사람은 절대로 성공을 할 수 없는 구조로 되어 있습니다.

답변 3 네트워크 마케팅에서는 금전적 투자를 요구하지 않고 가입비용도 받지 않고 있기 때문에 다른 사람을 이용할 수 있는 여지가 전혀 없습니다. 역사가 오래된 네트워크 마케팅 회사의 경우에는 회원 수가 백만 명을 상회하는데 그 중에는 사회적으로 인정을 받고 있는 지도층의 사람들도 많이 있습니다. 그들이 상위 사업가에게 이용을 당하면서, 또는 다른 사람을 이용하여 돈을 벌고 있다는 것은 상상도 할 수 없는 것입니다.

또한 미국의 시카고대학교, 하버드대학교에서 네트워크 마케팅을 정규과목으로 가르치고 있으며, 국내의 건국대학교, 성균관대학교, 중앙대학교, 경기대학교, 경희대학교 등에서 네트워크 마케팅의 CEO과정 등을 개설하고 있습니다. 대학의 강단에서 교수들이 다른 사람을 이용하여 돈을 버는 사기수단을 가르치고 있다고는 생각할 수 없을 것입니다.

답변 4 만약에 당신이 체인점을 운영하고 있다고 가정을 해 봅시다. 당신은 체인점의 본사와 계약을 하고 여러 가지의 지원을 받는 대가로 로열티를 지불하여야 할 것입니다. 그런데도 당신이 열심히 일을 하는 것은 본사의 로열티 수입을 올려 주기 위해서가 아니고, 단지 자신을 위해서 하는 것입니다.

그러나 무점포의 프랜차이즈 사업을 하는 네트워크 마케팅의 경우에는 당신을 위해서 지원해 주는 스폰서에게 아무것도 지불하지 않습니다. 다만 스폰서는 회사로부터 후원수당의 성격으로 장려금을 받고 있을 뿐입니다. 이러한 후원수당은 먼저 시작한 스폰서들이 노력한 정당한 대가이라고 할 수 있습니다.

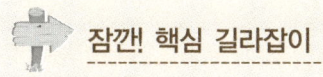
잠깐! 핵심 길라잡이

네트워크 마케팅은 다른 사람을 이용하는 것이 아니고, 오히려 다른 사람을 지원하는 엔젤(벤처 투자자)의 역할을 하는 것이다

사업에 대한 기술력을 보유하고 있지만, 자본이 없는 사람이 창업을 하려는 경우에 벤처 투자자들이 "이 사업은 장래성이 있다. 자본을 제공해 주면 앞으로 큰 수익을 올릴 수 있겠다"는 판단을 하게 되면 자본을 투자해 줍니다. 이러한 벤처 투자자의 집단을 자본시장에서는 전문용어로 엔젤(Angel:천사)이라고 부르고 있습니다.

엔젤은 개인이 될 수도 있고, 기업이 될 수도 있습니다. 이들의 기본적인 목적은 장래에 수익 전망이 좋은 사업에 투자하여, 향후에 높은 수익과 투자한 자본을 돌려 받고자 하는 것입니다. 따라서 이러한 엔젤은 자신이 자본을 투자한 창업자가 사업에서 성공할 수 있도록 자문을 해주거나, 여러 가지 정보를 제공해 주면서 지원을 해줍니다.

네트워크 마케팅에 있어서 지원해 주는 사람(스폰서)과 지원 받는 사람(파트너)과의 관계가 엔젤과 창업자의 관계와 비슷합니다. 당신에게 네트워크 마케팅의 정보를 전달해 주고 지속적으로 지원을 해주는 사람, 즉 스폰서는 당신의 엔젤이 되는 것입니다.

당신의 스폰서는 자본과 같은 외형적인 투자는 하고 있지 않지만, 정보의 제공, 카운셀링, 사업지원 등 당신이 자립하여 성공할 때까지 모든 노력을 아끼지 않고 지원해주는 엔젤인 것입니다. 엔젤로부터 지원 받는 것들은 금전적인 자본금 이상으로 당신에게 가치가 있는 경영자원이 될 것입니다.

당신이 자립을 하고자 하는 의욕을 갖고 노력을 아끼지 않고 활동하고 있으면, 당신 스폰서의 업라인, 그 이상의 업라인도 당신의 엔젤이 되어서 지원을 해 줄 수 있다는 점을 알고 있어야 합니다. 이러한 엔젤들이 당신에게는 엄청난 힘이 되어주고 자산이 되는 것입니다.

| **참고자료** | "네트워크 마케팅만큼 멋진 비즈니스는 없다"

질문 │ **친척이나 친구에게 피해를 주는 것은 아닌가?**

답변 1   친척이나 친구들을 반드시 이 사업에 참여시킬 필요는 없습니다. 친척이나 친구들과 함께 돈을 벌 수도 있고, 그렇게 하지도 않을 수도 있습니다. 그 선택은 친척이나 친구들의 몫인 것입니다. 그들은 절대로 당신에게 이용당하지 않을 겁니다. 당신이 친척이나 친구들을 위해 할 일은 그저 제품의 좋은 점과 사업의 기회를 전달해 주어서 그들이 "지금, 나에게 어떤 기회가 왔으며, 그 기회는 나에게 어떤 이익이 될 것인가?"에 대해서 알아 볼 수 있도록 하는 것입니다.

그들이 만약 부정적인 견해를 보인다면 강요할 필요가 전혀 없는 것입니다. 예를 들어, 친척이나 친구들에게 고급 승용차를 준다고 해도 "기름 값 등 유지비용이 많이 들어서 싫다.", "자신에게는 어울리지 않는다." 등의 여러 가지 이유를 들어가면서 거절하는 사람도 있을 것입니다. 이와 마찬가지로 친척이나 친구들이 원하지 않을 경우에도 그들의 선택과 결정을 존중해 주면, 피해를 줄 일도 없게 되는 것입니다.

답변 2   만약에 당신의 친구가 당신이 구매하고자 하는 제품을 판매하고 있다면, 당신은 누구에게서 구매하겠습니까? 다른 사람에게 돈을 벌게 해주는 것보다는 당신의 친구에게 돈을 벌게 해 주고 싶어 할 것입니다. 이러한 생각은 당신의 주변 사람들도 마찬가지일 것입니다. 당신이 네트워크 마케팅에 참여를 하면, 당신은 무점포 형태의 사이버 쇼핑몰을 운영하는 개인 사업자가 되는 것입니다.

친척과 친구들은 어디선가에서 그들이 필요한 제품을 구매할 것입니다. 설사 당신이 판매하지 않더라도 백화점이나 할인점에서 구매하여 백화점이나 할인점 주인이 돈을 벌게 할 것입니다. 그러나 이제까지 친척과 친구들이 백화점이나 할인점에서 구매하였던 것을 당신의 사이버 쇼핑몰을 이용하게 하는 것입니다. 하물며 당신이 먼저 사용해보고 그 제품의 좋은 점을 인정한 후에 권유하는 것은 그들에게 피해를 주는 것이 아니라, 오히려 도움이 되는 일을 하게 되는 것입니다.

답변 3 결론부터 이야기하면 "아니다"가 정답입니다. 오히려 도움을 주게 됩니다. 당신이 다른 어떤 새로운 사업을 시작한다고 합시다. 우선 당신은 사업을 함께 할 수 있는 사람들을 알아보면서, 당신의 주변 사람들 중에서 적합한 사람을 찾으려고 할 것입니다.

이는 가족이나 친척 중에서 한 사람이 될 수도 있고, 혹은 동창생이 될 수도 있고, 과거에 함께 일을 하였던 동료가 될 수도 있을 것입니다. 실제로 처음부터 모르는 사람들하고만 사업을 하고 싶다는 사람은 그리 많지 않을 것입니다. 네트워크 마케팅은 자영사업입니다. 따라서 함께 일할 사람을 친척이나 친구들 중에서 우선적으로 찾아보는 것은 아주 당연하다고 할 수 있습니다.

하지만 그들이 여러 가지 사정으로 할 수 없다면, 그것을 정중하게 받아들여 끝내면 아무 탈이 없을 것을, 아는 사이라고 해서 싫다고 하는 사람을 억지로 끌어들이기 때문에 피해를 주게 되는 것입니다. 당신이 그들을 억지로 끌어들이려고 설득할 필요가 없으며, 오직 제품의 좋은 점과 사업의 기회를 알려주기만 하면 되는 것입니다.

답변 4 당신은 어떤 이익이 생기는 기회를 누군가에게 줄 수 있다면, 가장 먼저 누구에게 주려고 생각합니까? 당신이 전혀 모르는 사람에게 주려고 하지는 않을 것입니다. 예를 들어 당신이 자동차를 사려고 한다고 합시다. 친척이나 친구들 중에서 자동차를 판매하고 있는 사람이있다면, 그들에게서 사려고 할 것입니다. 처음부터 생면부지의 사람에게서 자동차를 구입하려고 하지는 않을 것입니다. 왜냐 하면, 자동차를 판매하는 사람에게는 그만큼의 이익이 생길 수 있기 때문입니다.

네트워크 마케팅에서도 마찬가지입니다. 당신이 네트워크 마케팅이 비전에 대해서 정말로 확신을 갖고 있으면, 자연스럽게 친척이나 친구들에게 가장 먼저 전달하고 싶은 것은 당연한 것입니다. 당신이 합법적이고 정직한 정보를 전달하면서 친척이나 친구들에게 좋은 기회를 제공하고자 하였는데도 불구하고, 그들이 받아들이고자 하는 마음이 없다면 억지로 강요를 할 필요가 없는 것입니다. 결정을 하는 것은 당신이 아니고 그 사람들 자신이기 때문입니다.

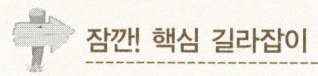

친척이나 친구와 사이가 나빠지는 이유

　네트워크 마케팅을 시작하게 되면 "주변 사람들에게 피해를 준다", "친구를 잃는다", "인간관계가 나빠진다" 등의 이야기를 자주 듣게 됩니다. 이러한 상황으로 되는 이유는 네트워크 마케팅 자체가 나쁜 것이 아니고, 전달하는 사람의 방법이 나쁘기 때문입니다.
　하는 방법이 나쁘게 되면 모든 사람에게서 따돌림을 당하게 되어있습니다. 다른 사람에게 전달하는 행위, 예를 들어 보험권유나 종교활동의 경우에도 일부에서 행하고 있는 강요적인 권유도 아주 흡사한 것입니다. 상대방의 입장이나 의사를 전혀 고려하지 않고 일방적으로 권유하는 방법은 강요라는 말로밖에 표현할 수 없는 것입니다.

　물론 다른 사람을 움직이게 하는 일이기 때문에 다소의 억지를 개입시키지 않으면 사람들이 움직여주지 않는 것도 사실입니다. 그러나 상대방의 상황을 전혀 고려하지 않고 일방적으로 제품을 강매하거나, 혹은 사업에 참여할 것을 권유하는 것이 문제가 되는 것입니다. 아무리 친척이나 친구라고 하더라도 어디까지나 상대방의 입장을 헤아려 주는 것이 선결되어야 합니다.
　가장 좋은 방법은 친척이나 친구들 스스로가 "그 제품을 구매하고 싶다", "나도 그 일을 해 보고 싶다"고 생각하도록 하는 것입니다. 또한 당신이 즐겁고, 활기차게 풍족함을 누리고 있으면, 친척이나 친구들은 반드시 당신에 대해서 관심을 갖게 됩니다. 실제로 네트워크 마케팅은 제대로 알고만 있다면 선망의 대상이 될 수 있는 사업입니다.
　당신의 입장만을 생각하고, 아무리 친척이나 친구이라고 해서 부담이나 압력을 주면서 강제적으로 하여서는 결코 안 되는 것입니다. 설령 그들이 마음에서 우러나지 않고 마지못해서 하는 경우에는 지속적으로 발전할 수 없게 되어 있습니다.

질문 | **먼저 시작한 사람이 유리한 것 같다**

답변 1   네트워크 마케팅에서는 먼저 시작하였든지, 나중에 시작하였든지 상관없이 자신의 노력한 성과에 따라서 수입이 발생하게 되어있습니다. 만약에 당신이 먼저 시작한 사람들보다도 훨씬 많은 노력을 하게 되면, 당연히 그들보다도 많은 수입을 올릴 수 있게 되어있습니다. 실제로 늦게 시작하였음에도 불구하고 먼저 시작한 사람들에 비해서 훨씬 많은 수입을 올리고 있는 사람들을 아주 흔히 볼 수 있습니다.

단지, 먼저 시작했다는 이유만으로 아무런 활동도 하지 않으면서 수입이 생긴다면, 그것이야말로 사람을 끌어들이기만 해서 돈을 버는 악덕 피라미드 상법이 틀림없습니다. 네트워크 마케팅에서 얻게 되는 수입은 모두 당신이 노력한 결과이지, 아무런 활동도 하지 않으면서 먼저 시작하였다고 해서 수입이 저절로 생기는 것은 아닙니다.

답변 2   당신이 식당에 먼저 갔다고 해서 나중에 간 사람에 비해서 반드시 더 많은 양의 음식을 먹을 수 있는 것은 아닐 것입니다. 단지, 확실한 것은 먼저 식사를 할 수 있었다는 사실뿐일 것입니다. 식당에 먼저 갔다는 것과 많이 먹을 수 있는 것은 아주 별개의 문제입니다. 어떤 사업을 하는 경우에도 마찬가지입니다. 네트워크 마케팅에서도 먼저 시작했다고 해서 반드시 유리한 것이 아닙니다.

하는 방법을 제대로 배워 열심히 한다면, 먼저 시작하였음에도 불구하고 어떻게 하는지도 모르면서 소극적인 자세로 하는 사람들보다도 앞설 수 있는 것입니다. 실제로 나중에 시작해서 오히려 자신의 스폰서보다 앞서가는 사례가 흔히 나타나고 있습니다. 만약에 당신이 저보다 열심히 활동을 한다면, 저보다도 많은 보상을 받을 수 있는 것이 증명될 것입니다.

답변 3   네트워크 마케팅은 자신의 노력에 따라, 노력한 만큼의 보상을 받는 투명하고 공평한 보상플랜으로 되어 있기 때문에 성공여부는 당신의 노력여하에 달려있지, 먼저 시작했다고 해서 결코 유리한 것이 아닙니다. 거북이와 토끼의 경기에서 알 수 있듯이, 네트워크 마케팅에서도 거북이와 같이 포기하지 않고 꾸준히 하는 사람만이 성공할 수 있습니다. 토끼가 처음에는 앞서 있다가도, 쉬지 않고 꾸준했던 거북이에게 뒤졌던 것과 마찬가지로, 네트워크 마케팅에서도 먼저 시작했다고 해서 절대 유리한 것이 아닙니다.

답변 4   아마 피라미드에서라면 당신의 지적과 같이 먼저 하는 사람이 유리할 것입니다. 네트워크 마케팅은 먼저 시작한 사람들이 나중에 시작한 사람들을 이용해 돈을 벌 수 있는 방식으로 되어 있는 것이 아닙니다. 먼저 시작한 사람만이 유리하다고 한다면, 먼저 시작한 사람 중에서 실패자가 나올 리가 없을 것입니다.

또한 똑같이 시작했어도 노력하는 사람과 그렇지 않은 사람이 똑같이 잘 되는 것이 아니고 노력에 따라서 차이가 납니다. 그래서 네트워크 마케팅에서의 성공여부는 당신의 노력여하에 달려 있는 것이지 먼저 시작했다고 해서 유리한 것은 아닙니다. 당신의 노력 여하에 따라, 당신보다 먼저 시작한 사람들을 앞지를 가능성은 얼마든지 있는 것입니다.

답변 5 당신이 직장인이라고 하면, 먼저 입사한 선배직원에 비해서 많은 급여를 받는 것은 상상하기 어려울 것입니다. 직장에서 어떤 성과를 올렸다고 하더라도, 선배직원에 비해서 많은 급여를 받는 것은 극히 제한되어 있을 것입니다. 연공서열을 중시하는 직장인의 급여체계야말로 먼저 입사한 사람이 유리한 것입니다.

그러나 네트워크 마케팅에서는 먼저 시작한 사람의 수입과 관계없이 당신이 노력한 만큼의 충분한 보상을 받을 수 있습니다. 당신의 노력에 따라서 먼저 시작한 사람을 추월하여 금액의 제한을 받지 않고 무한대의 수입을 올릴 수 있는 것입니다.

질문 | **아는 사람들 중에서 실패한 사람이 있다**

답변 1   다른 사람들이 네트워크 마케팅에서 성공하지 못했다고 해서 실패하는 사업이라고 한다는 것은 억지일 것입니다. 당신의 첫째 아이가 공부를 소홀히 하여 대학입시에 실패하였다고 해서, 둘째 아이를 대학에 보내지 않겠다고는 하지 않을 것입니다.

물론 네트워크 마케팅은 누구에게나 공평하게 기회를 제공하기 때문에 누구라도 할 수 있는 사업입니다. 그럼에도 불구하고 실패하는 가장 큰 이유는 네트워크 마케팅을 제대로 이해하지 못하고, 네트워크 마케팅에서 요구되는 기본원칙을 지키지 않을 뿐만 아니라 행동으로 실천하지 않기 때문입니다.

네트워크 마케팅에서 성공할 수 있느냐는 그 누구라도 할 수 있는 것을, 어느 누구라도 할 수 없을 정도로 열심히 하느냐에 달려 있습니다. 그래서 명확한 목표를 세우고 노력한 사람은 성공을 하였을 것이고, 어영부영 대충하려고 하였던 사람들은 실패를 하였을 것입니다.

답변 2   물론 실패하는 사람들이 있습니다. 그러나 어느 분야에서도 실패하는 사람들이 반드시 있기 마련입니다. 내 친구 중에서 대학입학에 실패한 사람, 취직에 실패한 사람, 직장생활에 실패한 사람, 사업에 실패한 사람, 결혼생활에 실패한 사람들이 많이 있습니다.

보험회사의 예를 들어 생각해 봅시다. 새롭게 시작한 보험설계사가 1년 이상 계속할 확률은 어느 정도일 것이라고 생각합니까? 결코 높은 확률이라고는 말할 수 없을 것입니다. 오히려 실패할 확율이 더 높을 것입니다. 그렇다고 해서 보험업계에는 실패한 사람들만 있다고는 할 수 없을 것입니다.

네트워크 마케팅에서 가장 중요한 것은 「포기하지 않고 계속한다」는 것입니다. 네트워크 마케팅의 톱 리더들은 "적어도 1년 이상은 시행착오의 연속이었다"고 자주 말할 정도입니다. 그래서 네트워크 마케팅에서는 실패하기 때문에 포기하는 것이 아니고, 포기하기 때문에 실패하는 것입니다.

답변 3 어느 일에서든지 반드시 성공자와 실패자가 구분되기 마련입니다. 그 분야에서 해야 하는 일의 실체를 제대로 알아보지 않고서, 제멋대로 하고자 하는 사람들은 실패하게 되어 있습니다. 하지만 실체를 제대로 알고, 진실되게 한다면 성공하게 되어 있습니다. 인생에 있어서 가장 나쁜 선택은 실패하고 있는 사람의 이야기에만 귀를 기울이는 것입니다. 그러나 성공을 꿈꾸는 사람은 실패자의 말을 듣고 판단하지 않습니다.

만약에 당신이 뇌수술을 받아야 한다면, "이 수술은 성공하지 못할 것이다."라고 하는 의과대학을 중도에 포기한 낙제생에게 물어 보아서는 안 되고, 성공적으로 많은 수술의 경험이 있는 전문의에게 물어 보아야 하는 것과 마찬가지입니다. 이는 실패자의 사례만을 듣고 선택과 결정을 해서는 안 된다는 것입니다.

답변 4 네트워크 마케팅은 누구라도 참여할 수 있지만, 모든 사람들이 반드시 성공하는 것은 아닙니다. 가치 있는 일들이 모두 그러하듯이, 네트워크 마케팅에서도 성공을 거저 얻을 수 있는 것은 아닙니다. 따라서 네트워크 마케팅에서 얻을 수 있는 결과는 이 사업에 쏟는 열정과 노력에 따라서 성공할 수도 있고, 실패할 수도 있는 것입니다.

유감스럽게도 네트워크 마케팅에서 실패를 하는데는 많은 이유가 있습니다. 중요한 것은 그 사람들이 실패를 하였던 이유를 알아보는 것이 중요합니다. 다른 어떠한 사업에서도 마찬가지일 것입니다.

당신이 알고 있는 실패자는 네트워크 마케팅을 시작하면서 높은 기대치만을 바라면서, 자신 스스로 노력은 하지 않고 실망을 하면서 떠났던 사람일 것입니다. 또한 제대로 해보지도 않고 대충대충 하였다면, 틀림없이 실패자가 되었을 것입니다. 자신이 노력하지 않으면서 돈을 벌 수 있는 일은 어느 분야에서도 존재하지 않습니다. 각 분야에서 성공을 위해서는 다른 사람들이 모르는 각고의 노력이 필요한 것입니다.

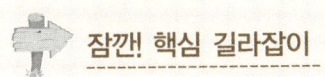
잠깐! 핵심 길라잡이

네트워크 마케팅에서 「실패」하는 대표적인 사례

　네트워크 마케팅을 하면서 "실패를 했다", "손해를 봤다"고 말하는 사람들에게는 여러 가지 이유가 있을 것입니다. 그 중에서 가장 대표적인 사례는 네트워크 마케팅의 기본적인 원칙을 지키지 않고 손쉽게 돈을 벌려고 무리하게 제품을 구매하였던 사람들일 것입니다.

　일반 직장의 급여 체계는 아무리 노력하여도 수령할 수 있는 급여 금액의 상한선이 정해져 있지만, 네트워크 마케팅에서는 자신의 노력에 따라 금액의 상한선이 없이 무한대로 얼마든지 받게 되어 있습니다. 이와 같이 네트워크 마케팅의 보상플랜은 철저한 「성과급」으로 되어 있기 때문에 보다 많은 성과를 올리면 올릴수록 보다 많은 보상을 받게 되어 있습니다.

　네트워크 마케팅의 보상플랜은 매출 실적에 비례해서 점차 높은 보상비율의 적용을 받게 되어 있는 것입니다. 예를 들어 어느 실적까지는 5%의 보상비율이 적용되지만, 그 실적의 이상이 되었을 때에는 10%의 비율을 적용 받고, 또 그 이상의 실적이 되었을 때에는 더 높은 비율로 적용을 받는 체계로 되어 있습니다.

　이러한 보상플랜으로 되어 있기 때문에 네트워크 마케팅의 종사자들은 더욱 높은 보상비율의 적용을 받기 위해서 열심히 활동하고 있는 것입니다. 노력하면 노력할수록 수입이 늘어나는 훌륭한 보상플랜이기 때문에 네트워크 마케팅을 급성장하게 하는 요인으로도 작용하고 있습니다.

　그러나 문제는 높은 보상비율의 적용을 받기 위해서 불필요한 제품들을 무리하게 사재기를 하는데서 발생하는 것입니다. 대부분의 네트워크 마케팅 회사에서는 세일즈맨과 같이 각 개인에게 주어지는 개인 목표의 할당량이 없는데도 불구하고 높은 보상비율을 적용받기 위해서 자신 스스로가 목표로 하는 할당량을 채우려고 하는 것입니다.

　이러한 현상은 제 살을 스스로 깎아 먹는 한심한 작태가 아닐 수 없습니다. 빚을 상환하기 위해서 또 다른 곳에서 돈을 빌리는, 최근에 사회적으로 문제가 되고 있는 카드빚 돌려 막기를 하다가 막판에는 개인파산이 되는 것과 하나도 다를 바가 없는 것입니다.

　하지만 눈앞의 돈에 욕심을 내는 상당수의 사람들이 이러한 함정에 빠져드는 경우가 있습니다. 그래서 궁극적으로는 악순환이 반복되면서 결국에는 파탄하게 되는 것입니다. 그만 둔 후에 남는 것은 집안을 가득 채우고 있는 제품뿐입니다. 이렇게 하고서는 그만 둔 사람들이 "네트워크 마케팅에서 손해만 보고 실패를 하였다."고 말하는 사람으로 되어 버리는 것입니다.

질문 | **돈 벌었다는 사람을 못 봤다**

답변 1 당신은 네트워크 마케팅에서 얼마를 벌면 돈을 벌었다고 할 수 있습니까? 많은 사람들이 「네트워크 마케팅 = 일확천금」을 연상을 하고 있습니다. 물론 일확천금을 벌 수 있는 가능성은 언제나 열려 있습니다. 다만 그에 상응하는 노력이 수반되어야 합니다. 네트워크 마케팅은 열심히 노력하는 사람들을 위해서 만들어진 것입니다.

네트워크 마케팅에서 돈을 벌지 못했다고 하는 사람은 돈을 버는데 필요한 노력과 희생을 하지 않은 사람들일 것입니다. 영원히 샘이 솟는 우물을 파 내려가는 기간동안에는 우물의 물을 먹을 수 없는 것과 마찬가지로, 자신의 평생동안 뿐만 아니라 자손에게까지 물려줄 수 있는 네트워크 마케팅이라는 우물을 파는 동안에 돈을 벌 수 없는 것은 당연한 것입니다. 그러나 조그만 더 파내려 가다보면 틀림없이 샘을 발견할 수 있는데도 불구하고 중도에서 포기를 하고, 스스로가 "돈을 벌 수 없다"고 단정을 하고서는 떠나는 사람들이 있는 것입니다.

답변 2 인생의 모든 일에는 과정이 있는 것입니다. 우물의 물을 한꺼번에 들이켜 마실 수 없는 것과 마찬가지로 처음부터 한꺼번에 큰돈을 벌 수 있는 일은 거의 드물 것입니다. 그러나 욕심이 많은 사람들이 처음부터 최고 직급자들이 수령하는 월 단위로 몇 천만~몇 억원대의 금액만을 생각한다면, 자신이 버는 것은 하찮게 보이고 불만스러울 수 있습니다. 이러한 현상을 기대의 홍수라고 하는 것입니다.

어느 사업이나 처음에는 조금씩 돈을 벌다가 꾸준히 하다 보면 더욱 많은 돈을 벌게 되는 것입니다. 회사에 입사를 하여서도 마찬가지입니다. 입사를 하자마자 사장과 똑같이 많은 월급을 받을 수 있는 것이 아닙니다. 네트워크 마케팅에서도 처음부터 최상위 직급자가 받고 있는 것과 비교해서는 안됩니다.

자신의 노력에 따라 그에 상응하는 보수를 받을 수 있다면, 그것에 만족하여야 합니다. 그러함에도 불구하고 최상위 직급자들이 받는 큰돈만을 생각하고, 그런 큰돈을 벌기까지 노력한 사실에 대해서는 생각하지 않고 불만스러워 하면서 중간에 포기한 사람들이 그런 말을 할 수 있는 것입니다. 노력하는 사람에게는 반드시 그에 상응하는 보수가 지급되는 세계가 바로 네트워크 마케팅의 세계입니다.

답변 3 당신이 그렇게 생각하는 것은 당연할 것입니다. 나도 네트워크 마케팅에서 성공한 사람들을 만나 보기 전까지는 그렇게 생각했습니다. 실제로 성공한 사람들과 직접 만나서 그들의 성공사례와 풍요롭게 살고 있는 모습을 확인해 보고서는 생각을 바꾸었습니다.

그 중에는 엄청난 빚더미에서 헤어나지 못하여 경제적으로 막다른 골목까지 갔었던 사람들이 인생의 패자부활전에서 재기할 수 있었던 생생한 경험담을 들을 수 있습니다. 당신이 네트워크 마케팅을 통해서 큰돈을 벌고 있는 사람을 만나서 직접 확인하고 싶다면, ○요일 저녁에 나와 같이 가면 여러 사람을 소개해 줄 수 있습니다.

질문 | 돈벌이가 느리다

답변 1 당신의 지적이 맞습니다. 그렇다면 당신은 1년 생의 꽃과 같이 잠시 피다가 사라져 버리는 일회성의 수입과 평생동안 지속적으로 벌어들이는 수입 중에서 어떤 것을 선택하겠습니까? 네트워크 마케팅의 수입은 일시적인 수입이 아니고, 자손 대대로 물려 줄 수 있는 인세형태의 지속적인 권리수입을 올릴 수 있는 것입니다.

그래서 네트워크 마케팅을 대나무가 자라는 원리에 비유하기도 합니다. 대나무는 씨가 떨어져 땅속에 뿌리를 내리고 싹이 트는데 5~6년이란 긴 세월이 걸리지만, 일단 싹이 튼 후에는 3~6개월 만에 20~30미터를 성장한다고 합니다.

네트워크 마케팅도 이와 마찬가지로 당신의 네트워크 뿌리를 내리는 데에는 많은 시간이 걸리고 돈을 빨리 벌 수 있는 기회를 주지 않지만, 어느 시점에서는 폭발적으로 확산되는 특징을 갖고 있습니다. 그래서 당신이 뿌린 씨앗의 열매가 맺을 때까지 참고 기다리는 지혜가 필요한 것입니다.

답변 2 그렇습니다. 네트워크 마케팅에서 성공하면 큰돈을 벌 수 있지만, 시작하자마자 큰돈을 벌 수 있는 것은 절대로 아닙니다. 시작하면서 바로 큰돈을 벌 수 있다는 것은 틀림없이 피라미드 형태일 것입니다.

가령 당신이 수억 원을 투자를 해서 멋진 식당을 창업하였다고 합시다. 식당을 개점하자마자 매상이 오른다고 해서 돈을 번다고 할 수 있습니까? 실제로 당신이 투자한 원금을 제외하고 이익을 낼 수 시점은 아주 빨라도 몇 개월에서 몇 년은 걸릴 것입니다. 물론 원금도 회수하지 못하고 문을 닫는 경우도 비일비재할 것입니다.

또한 식당을 차리기 위해서 준비하는 기간도 몇 개월이 소요될 것입니다. 네트워크 마케팅도 사업이기 때문에 마찬가지입니다. 투자한 원금도 없으면서, 시작을 했다고 해서 바로 돈벌이가 된다는 것이 오히려 비정상적이라고 생각하여야 합니다.

따라서 초기에는 일주일에 5~6시간의 남는 시간을 이용하여 부업의 방식으로 2~5년을 포기하지 않고 꾸준히 하면, 작은 식당을 창업하여 올릴 수 있는 수입 이상을 올릴 수 있는 사업이 느리다고는 할 수 없을 것입니다.

답변 3 무엇이든 쉽게 달구어졌다가 바로 식어 버리는 냄비근성을 갖고 있는 우리나라 사람들의 사고방식으로는 확실히 느리다고 할 수 있습니다. 그러나 네트워크 마케팅은 100미터 달리기와 같이 단거리 경주가 아닙니다. 네트워크 마케팅은 눈앞의 수익을 바라보고 하는 것이 아니고, 많은 사람들과 장기간에 걸친 인적 네트워크를 구축해 가면서 그 결과를 서서히 얻게 되는 것입니다.

그래서 너무 조급하게 생각하면 제 풀에 꺾여서 실패하는 경우가 있을 수 있습니다. 인생의 마라톤과 같이, 성공을 하기까지에 걸리는 시간은 느릴지 모르지만 결코 포기하지 않고 꾸준히 성실하게 노력하면 반드시 성공을 보장할 수 있는 것이 네트워크 마케팅입니다.

답변 4 비행기나 인공위성이 활주로를 떠나 본격적인 비행을 시작하기 위해서 일정 궤도에 오르기까지 전체 연료의 80%를 소모하지만, 일단 일정한 궤도에 진입하면 기류를 타게 되어서 많은 연료를 소비하지 않고 순항을 한다고 합니다. 네트워크 마케팅의 경우에도 이와 마찬가지로 초기에는 많은 에너지와 노력이 요구됩니다.

많은 기대를 하고 시작하였는데도 불구하고 조급한 마음에 생각처럼 제대로 되지 않는다고 해서 의기소침하여 너무 느린 것이 아니냐는 회의감에 빠질 수도 있습니다. 그러나 네트워크 마케팅에서 성공하기 위해서는 이러한 시기를 극복하고 적어도 2~3년은 끈기 있게 추진할 수 있는 인내심이 필요한 것입니다.

답변 5 일확천금을 기대하는 한탕주의는 노력과 땀이 필요 없겠지만, 합법적이고 도덕적인 것은 부단한 노력과 땀을 통해서만 이루어질 수 있습니다. 네트워크 마케팅의 경우에도 합법적이고 도덕적인 사업이기 때문에 시작해서 단기간 내에 일확천금을 기대할 수 있는 것이 아닙니다. 네트워크 마케팅의 특징은 「Slow but steady income(완만하나 지속적인 수입)」이라고 할 수 있습니다. 수입이 완만하지만 꾸준히 상승하게 됩니다.

현재 네트워크 마케팅에 종사하면서 큰돈을 벌고 있는 성공한 사람의 경우에도 처음부터 많은 돈을 벌 수 있었던 것이 아닙니다. 처음에는 대부분이 몇 천원, 몇 만원의 수입에서 시작하여 큰돈이 되지 않았지만, 시간이 지나가면서 기하급수적으로 성장하였던 것입니다. 이러한 과정을 거쳐서 최고의 직급에 올라갔을 때에는 일반 직장인의 사고방식으로는 상상도 할 수 없을 정도로 많은 돈을 벌 수 있는 기회를 제공하는 것이 네트워크 마케팅의 세계입니다.

답변 6 네트워크 마케팅을 권유하면서 많은 돈을 벌 수 있다고 들 합니다. 이 말은 맞는 말입니다. 그러나 하루아침에 **빠른** 기간 내에 이루어지는 것은 절대로 아닙니다. 모든 일에는 결과를 얻기까지의 회수기간이 필요한 것입니다. 의사들의 경우에도 의사가 되기 위해서 학교에서 6년을 배우고 인턴, 레지던트 과정까지를 생각하면 10년 이상을 배워야 합니다. 다른 전문직종의 경우에도 마찬가지입니다.

당신이 어떤 새로운 사업을 하고자 하는 경우에는 금전적, 시간적 투자를 하여야 합니다. 그렇다고 항상 이익을 보는 것이 아니며 손실의 위험도 따릅니다. 그러나 네트워크 마케팅은 금전적 투자를 하지 않아도 할 수 있기 때문에 손실의 위험이 없습니다만, 시간만큼은 확실하게 투자를 하여야 하는 사업이라고 할 수 있습니다. 그래서 네트워크 마케팅에서 돈을 벌기 위해서는 시간이 걸리지만, 투자한 시간에 대해서는 그에 상응하는 보상이 반드시 따르게 되어 있습니다.

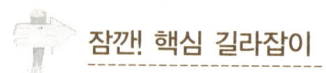 잠깐! 핵심 길라잡이

1원이 복식증가로 3년 후에는 343억 5천만 원이 되는 방식

만약 매월 백만 원씩 고정급으로 얻을 수 있는 수입과 첫 달에 1원을 받지만 매월 두 배로 복식증가로 늘려 받는 수입이 있다면 당신은 어느 쪽을 선택하겠습니까? 거의 모든 사람들은 백만 원의 고정급을 선택할 것입니다. 그러나 1원을 받고 복식증가로 늘어나는 수입이 초기에는 미미하지만 기하급수적으로 성장하는 원리에 의해서 수입이 증가되는 방식을 알고서는 생각이 달라질 것입니다.

1원이 복식증가로 늘어나면 3년 후에는 한 달에 343억 5천만 원의 수입으로 증가하고, 3년 동안의 누계는 687억 1천만 원으로 되는 것입니다. 반면에 백만 원 고정적 수입은 3년 후에도 한 달에 백만 원에 머물고 있고, 3년 동안의 누계는 고작 3천 6백만 원에 불과합니다. 기하급수적으로 성장하는 파워는 정말로 대단한 것입니다. 당신의 수입이 두 배가 되고, 또 그것이 두 배가 되고, 다시 그것의 두 배가 되는 방식으로 계속해서 늘어나는 것입니다.

이러한 방식은 당신이 잠자고 있는 시간이나, 여행을 하고 있는 시간에도 쉴새 없이 늘어나는 것입니다. 1원이 복식증가로 증가하는 수입이야말로 장기적으로 경제적 풍요로움을 가져다 줍니다. 게다가 일정한 기반을 구축한 뒤에는 시간적 투자도 적어져서 경제적·시간적 자유를 누릴 수 있는 「부유한 자유인」이 될 수 있는 것입니다.

- 「부유한 노예」: 돈은 많은데 시간이 없는 의사나 변호사와 같은 전문 직종의 사람들
- 「가난한 자유인」: 시간은 많은데 돈이 없는 실업자들

- 「부유한 자유인」 : 「부유한 노예」와 「가난한 자유인」을 결합한 네트워크 마케팅의 성공자들

| 참고자료 | "당신의 5년후 모습은?"

1원의 복식증가와 백만 원 고정급의 비교

월	1년차		2년차		3년차	
	백만원 고정급	1원의 배수	백만원 고정급	1원의 배수	백만원 고정급	1원의 배수
1월	백만원	1원	백만원	4,096원	백만원	16,772,216원
2월	백만원	2원	백만원	8,129원	백만원	33,554,432원
3월	백만원	4원	백만원	16,384원	백만원	67,108,864원
4월	백만원	8원	백만원	32,768원	백만원	134,217,728원
5월	백만원	16원	백만원	65,536원	백만원	268,435,456원
6월	백만원	32원	백만원	131,072원	백만원	536,870,912원
7월	백만원	64원	백만원	262,144원	백만원	1,073,741,824원
8월	백만원	128원	백만원	524,288원	백만원	2,147,483,648원
9월	백만원	256원	백만원	1,048,576원	백만원	4,294,967,296원
10월	백만원	512원	백만원	2,097,152원	백만원	8,589,934,592원
11월	백만원	1,024원	백만원	4,194,304원	백만원	17,179,869,184원
12월	백만원	2,048원	백만원	8,388,608원	백만원	34,359,738,368원
누계	1천 2백만원	4,095원	2천 4백만원	16,777,215원	3천 6백만원	68,719,476,736원

질문 | **제품 가격이 비싼 것 같다**

답변 1 당신이 지적한 대로 가격적인 측면만을 생각한다면 그럴지도 모르겠습니다. 그러나 모든 제품의 가격은 그 성능과 가치로 판단하여야 합니다. 좋은 제품은 당연히 비쌀 것이고, 싼 제품은 품질 면에서 문제가 있을 것입니다. 그래서 제품을 구입할 때는 제품의 가치를 사는 것이라고 말할 수 있습니다.

 이 제품의 경우에는 시중의 일반제품과 차별하기 위하여 좋은 원료를 사용하고, 연구개발비에 많은 금액을 투자하고 있기 때문에 제품의 품질 면에서는 자신 있게 말할 수 있습니다. 그 효과도 증명되고 있어서 한 번 사용해 본 사람들은 이 제품을 계속해서 찾고 있을 정도로 품질을 인정받고 있습니다. 따라서 당신이 지적하는 대로 다소 가격이 비쌀지도 모르지만, 그 효능을 생각한다면 결코 비싸다고는 할 수 없고, 오히려 싸다고 할 수 있을 것입니다.

답변 2 당신이 자동차를 구입하려고 하는 경우에 몇 백만 원대의 소형차도 있고, 몇 천만 원대의 중형차가 있는 것과 같이 차종에 따라서 천차만별일 것입니다. 그렇다고 해서 당신은 무조건 가격이 싼 자동차만을 사려고 하지 않고, 안전성, 안락감, 성능 면을 고려해서 구매할 것입니다. 모든 제품의 가격은 성능과 품질에 따라서 제각기 다른 것입니다이 제품의 사용 경험이 없는 당신의 입장에서는 그렇게 생각하는 것이 당연할지도 모르겠습니다. 그러나 가격이 비싸다고 생각된다면, 싸다고 생각되는 제품의 성능과 비교하여야 한다고 생각합니다. 이 제품을 사용해 본 후에는 이 제품이야말로 성능과 가격면에서 실용적이고 경제적이라는 점을 인정하게 될 것입니다. 당신이 제품을 사용해 본 후에, 제품의 성능과 가격을 대비해 본다면 결코 비싸다는 생각을 하지 않을 것입니다.

질문 | 장려금을 지불하기 때문에 비싼 것이 아닌가?

답변 1 물론 장려금은 제품 가격에 포함되어 있습니다. 그렇다고 해서 제품 가격이 타제품과 비교해서 결코 비싸다는 것은 아닙니다. 오히려 타제품과 비교하면 싸게 구입할 수 있는 경우가 훨씬 많이 있습니다.

당신이 현재 구매하고 있는 대부분의 제품은 광고선전비용이 소비자 가격에 모두 포함 되어있어서 당신이 광고선전비용을 지불하는 것이나 마찬가지입니다. 화장품의 경우를 예를 들자면, 광고선전비용만으로도 정가의 평균 47%나 된다고 합니다.

일반적인 음료수의 제조원가는 평균적으로 정가의 약 6%정도가 소요된다고 합니다. 그 나머지는 광고선전비용과 유통비용으로 지불되고 업체의 마진으로 되는 것입니다. 또한 제품공급의 과잉현상은 재고비용의 추가 등으로 더욱 더 많은 비용을 들게 합니다.

그러나 네트워크 마케팅의 제품은 제조업체에서 소비자에게 직접 전달되기 때문에 팔리지 않을지도 모르는 제품을 쌓아놓을 재고의 부담이 없어서 수익적인 면에서 그만큼 유리합니다. 또한 광고선전비용을 지불하지 않고, 유통비용과 마진이 절약되고, 많은 고정회원을 확보하고 있기 때문에 대량생산, 대량구매가 가능하여 생산원가, 구매비용을 절감할 수 있어서 회원들에게 보다 싸게 제품을 제공하면서도 장려금의 지불이 가능한 것입니다.

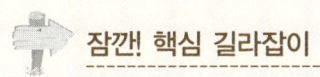 잠깐! 핵심 길라잡이

네트워크 마케팅의 장려금은 광고선전비용과 유통비용을 절감해서 지불하는 것이다

   소비자의 입장에서는 유통 경로에서 소비자에게 도움이 되지 않는 거품을 제거한 형태가 가장 바람직할 것입니다. 이는 모든 소비자에게 보다 많은 혜택을 환원시켜줄 수 있기 때문입니다. 소비자의 입장에서 가장 좋지 않은 유통형태는 과거의 소매점 방식으로서 제조업체(광고선전비용 포함) → 총판 → 도매점 → 소매점 → 소비자에게 전달되는 형태일 것입니다.

   그래도 조금 나은 것이 현재 많은 소비자들이 이용하고 있는 할인점 방식으로서 제조업체(광고선전비용 포함) → 할인점 →소비자에게 전달되는 형태일 것입니다.

   가장 좋은 형태는 네트워크 마케팅 방식으로서 「광고선전비용」을 지불하지 않고 제조업체 → 소비자에게 직접 전달되는 형태일 것입니다. 이러한 유통 형태에서는 광고선전비용과 유통비용을 절약할 수 있습니다. 이렇게 절약된 비용으로 회원들에게 싼 가격으로 제공하면서 그 일부를 장려금 형식으로 환원시켜 주는 것입니다.

질문 | 포화상태가 되는 게 아닌가?

답변 1 그렇게 생각할 수도 있습니다. 실제로 저 자신도 처음에는 염려하였던 부분이었습니다. 하지만, 잘 생각해 보기 바랍니다. 당신은 TV나 냉장고를 갖고 있지 않은 주변 사람들을 알고 있습니까? 아마도 없을 것입니다. 그런데도 TV나 냉장고 회사에서는 오늘도 제품을 만들어서 판매하고 있습니다. 그리고 내일도 그렇게 할 것입니다. 또한 우리 주변에는 지금도 이용하기 충분한 많은 식당들이 있습니다. 그래도 오늘도 식당이 생기고 있고, 내일도 식당이 생길 것입니다. 이는 식당이 부족해서 아니고, 새로운 수요를 창출하기 때문인 것입니다.

답변 2 모든 사람이 참여해서 어느 시점이 되면, 더 이상 할 사람이 없게 된다는 상황은 절대로 찾아오지 않을 것입니다. 기독교의 역사가 2천년 이상이 되어 있는 이 시점에서도 우리 주변에는 아직까지도 교회에 다니지 않는 사람들도 많이 있고, 계속해서 교회가 세워지고 있습니다. 이제 수십 년의 역사밖에 되지 않은 네트워크 마케팅의 수요는 다음 세대에는 어떨지 모르지만, 우리 세대까지는 충분한 수요가 있으니 그 점에 대해서는 염려를 하지 않아도 될 것 같습니다.

답변 3   당신은 주변 사람들 모두를 회원으로 등록시키는 것이 가능하다고 생각합니까? 그것은 아마도 가능하지 않을 것입니다. 모든 사람들이 등록하는 경우는 있을 수 없는 것입니다. 당신도 이제까지 몇 번인가 네트워크 마케팅에 대해서 전달을 받았을지도 모르지만, 여태까지 미루어 왔습니다. 대부분의 사람들이 네트워크 마케팅에 참여하는 계기는 인생에서 몇 번인가의 변화가 있었을 때라고 합니다. 그래서 더 이상 회원이 증가하지 못한다고 하는 것은 현실적으로 일어날 수 없는 것입니다. 그리고 당신이 아는 사람들 중에서 몇 명이 이 사업을 하고 있는지 확인을 해보면, 실제로 하는 사람은 아직까지도 부정적인 편견과 오해로 인해서 그리 많지 않다는 사실을 알 수 있을 것입니다. 시장은 아직까지도 충분하다고 할 수 있습니다.

질문 │ **어려운 사람들만이 하는 것으로 알고 있다**

답변 1   저도 처음에는 아는 사람들을 찾아다니면서 제품을 파는 것으로 생각하고, 생활력이 있는 주부들이나, 경제적으로 어려운 사람들이 하는 일이라고 생각하였습니다. 그러나 최근에는 미국에서뿐만 아니고 국내에서도 경제적 자유를 이미 누리고 있는 전문 직종의 사람들도 새롭게 네트워크 마케팅에 매우 많이 참여하고 있습니다.

갖고 싶은 것을 가질 수 있고, 하고 싶은 것을 할 수 있지만, 언제나 시간에 쫓기고 있는 의사, 변호사, 회계사와 같은 전문직업을 갖고 있는 많은 사람들이 참여하는 이유는 하고 싶을 때에 언제든지, 시간적 구애를 받지 않고 마음대로 할 수 있는 시간적 자유를 얻기 위해서 입니다. 이러한 사람들의 실제적인 경험담을 얼마든지 들려 줄 수 있습니다.

답변 2 사람들은 일반적으로 돈과 시간 중에서 하나를 갖고 있습니다. 고수입을 올리고 있는 의사나 변호사의 경우에도 어차피 일한 시간만큼 수입이 생기는 것이기 때문에, 많은 돈을 벌기 위해서는 많은 시간동안 일을 하지 않으면 안 됩니다. 이와 같이 전문직에 종사하고 있는 사람들의 경우에 고수입을 올리고 있어도, 한편으로는 가족과 함께 보낼 자유시간이 없는 것입니다.

시대가 바뀌고 사람들의 라이프 스타일도 바뀌다 보니, 더 많은 자유로운 시간, 풍요로운 삶, 경제적 여유를 누릴 수 있는 방법도 바뀌고 있는 것입니다. 그래서 돈만으로는 풍요롭게 살 수 없다고 생각하고 있는 전문직종의 엘리트 집단의 사람들도 시간적 자유를 추구하기 위해서 네트워크 마케팅에 참여하고 있는 것입니다.

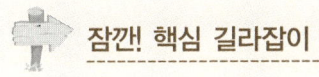 잠깐! 핵심 길라잡이

인터넷의 발달과 택배산업의 발전으로 하이테크 비즈니스로 변모

과거에 네트워크 마케팅의 종사자들은 자택에 제품을 쌓아두고 판매하면서 대금의 회수까지 직접 하였습니다. 이는 대단히 번거로운 일이었고, 전문직종에 종사하는 사람들의 입장에서는 적합하지 않았던 것입니다.

그러나 인터넷의 발달과 택배산업의 발전에 따라서 이러한 모든 일들을 네트워크 마케팅 회사에서 대신해 주고 있습니다. 또한 대금결제를 카드결제 시스템으로 할 수 있어, 대금회수의 어려움도 해결되고 있는 것입니다.

이는 과거에 직접판매의 형태에서 근대적인 하이테크 비즈니스로 변모한 것입니다. 이와 같이 인터넷의 발달과 택배산업의 발전으로 인해서 최근의 네트워크 마케팅은 과거와 전혀 다른 사업형태로 되었습니다.

이에 따라 최근에는 변호사, 의사, 대학교수, 전직 고위 공무원, 회사 중역, 언론기관 간부 등과 같이 엘리트들이 새로운 변신을 위하여 과거에는 자신과 전혀 관련이 없다고 생각하고 있었던 네트워크 마케팅을 선택하고 있는 것입니다. 이들이 네트워크 마케팅을 선택하는 이유는 경제적 자유뿐만 아니라 시간적 자유를 추구하고자 하는 것입니다. 이제까지 전문직종의 엘리트들이 우선적으로 관심을 두었던 경제적 성취에서 벗어나서 돈만으로는 풍요롭게 살 수 없다고 생각하고 있는 것입니다.

| 참고자료 | "지렛대 효과와 홈비즈니스"

질문 | 사이비 종교와 같은 느낌이 든다

답변 1 사이비 종교의 맹목적인 열광과 네트워크 마케팅에서의 자발적인 열정을 혼동하고 있으면, 그렇게도 생각할 수 있습니다. 축구에 대한 열정으로 자발적으로 뭉쳐있는 붉은악마들을 사이비 종교의 신도들과 같다고 할 수 없을 것입니다. 사이비 종교에서의 열광은 자신과 가족을 희생해 가면서 교주가 시키는 대로 맹목적으로 합니다. 그러나 네트워크 마케팅에서는 어느 누구로부터도 이래라 저래라 지시를 받지 않고 자신과 가족, 더 나아가서 주변 사람들의 성공을 위해서 모두가 긍정적이고 열정인 자세로 사업을 하는 것입니다.

답변 2 미래학자 엘빈 토플러는 그의 저서 「제 3의 물결」에서 생산자를 뜻하는 프로듀서(Producer)와 소비자를 의미하는 컨슈머(Consumer)의 합성어로 프로슈머(Prosumer)시대가 다가 올 것이라고 예견한 바 있습니다. 네트워크 마케팅은 이러한 프로슈머가 모인 하나의 소비자 집단이라고 할 수 있습니다.

제품의 애용자들끼리 모여서 공동의 가치관을 지향하고자 하는 커뮤니티를 형성하는 소비자 연합단체와 같은 것일 뿐입니다. 그래서 개인의 자유와 책임감을 완벽하게 존중해주고, 자신과 가족의 풍요로운 삶을 위해서 자발적인 열정을 갖고 있는 사람들이 모인 단체입니다. 이에 반해서 사이비 종교의 특징은 오직 한 사람의 교주를 위해서 개인의 자유를 억제하면서 자신과 가족을 희생하는 광신도들이 모인 집단입니다.

질문 │ 언론에서 문제가 있다는 뉴스가 나오더라!

답변 1 언론에서 검찰이나 경찰이 불법 피라미드를 단속하는 뉴스가 보도되는 것을 알고 있습니다. 이는 오히려 건전한 네트워크 마케팅을 보호하기 위해서 불법적으로 많은 사람들에게 피해를 주는 피라미드 상법을 단속하기 위한 것입니다. 어느 업계, 어느 업종에서도 악덕업체, 악덕상인이 존재하기 마련입니다.

그러나 일부의 악덕업체들이 사회문제를 일으켰다고 해서, 업계 전체를 매도하여 부정적으로 말하는 것은 지나친 편견으로 밖에 받아들일 수 없습니다. 신사의 나라라고 불리는 영국에서도 범죄행위가 일어나고 있습니다. 그러나 국민들 중 몇 사람이 범죄행위를 했다고 해서 영국을 범죄국가라고 할 수 없는 것과 마찬가지입니다.

답변 2 우리 사회의 어느 분야에서도 사건이 발생하면, 언론에서 뉴스로 보도합니다. 언론에서는 은행이나 증권회사의 일부 직원들이 금융사고를 일으켜서 사회적으로 문제가 되면 뉴스로 보도합니다. 그렇다고 해서 금융기관에서 정상적으로 근무하고 있는 직원들까지 하나로 묶어서 부정적인 눈으로 바라보고 있는 것은 아닙니다.

또한 자동차 사고에 대해서도 매일같이 뉴스로 등장합니다. 이러한 뉴스가 보도된다고 해서 이 세상의 모든 자동차를 없앨 수는 없는 것입니다. 이와 같이 네트워크 마케팅 업계에 대해서도 어느 하나의 측면만을 보고, 네트워크 마케팅을 싸잡아 부정적 추측을 해서는 안 되는 것입니다.

답변 3 네트워크 마케팅에 대해서 매스컴에서 부정적인 시각으로 보도하는 것을 정확한 판단 기준도 갖지 않고서, 보도 내용을 그대로 믿어버려서는 곤란합니다. 기존의 기업들은 광고선전을 하기 위해서 매스컴에 엄청난 돈을 지불하고 있습니다. 매스컴의 입장에서는 기업의 광고선전을 해주고 받는 돈의 위력은 대단한 것입니다.

그러나 네트워크 마케팅에서는 입소문을 통해서 제품이 유통되기 때문에 매스컴을 통해서 광고선전을 할 필요가 없습니다. 따라서 매스컴 입장에서는 광고선전의 수입이 들어오지 않는 네트워크 마케팅에 대해서 아무런 검증절차 없이 부정적인 측면만을 부각시켜서 보도할 수도 있습니다.

2

개인적 사정을 핑계로 하는 거절

질문 | 안정된 직장에서 근무하고 싶다

답변 1 당신은 안정된 직장생활을 언제까지 할 수 있다고 생각하고 있습니까? 영원히 존재하는 기업이 없듯이 평생직장도 존재하지 않습니다. 평생직장의 개념이 무너지고 있는 현실에서, 당신의 평생을 보장해 줄 수 있는 직장은 존재하지 않는다는 사실을 알고 있어야 합니다.

 미국의 직장인들이 우스개 이야기로 JOB(직업)을 Just Over Broke(겨우 파산을 면한 상태), 또는 Journey Of the Broke(빈털터리가 되는 여정)라고 합니다. 이는 직장생활을 하면서 겨우 먹고 사는 데는 도움이 되겠지만, 돈을 모을 수는 없다는 사실은 우리나라나 미국의 샐러리맨도 마찬가지라는 생각을 갖게 합니다. 그러나 네트워크 마케팅은 구조조정, 정리해고 등을 염려하지 않고, 늙어 죽을 때까지도 할 수 있으며 오래하면 할수록 수입도 늘어나는 오히려 안정된 직업이라고 할 수 있습니다.

답변 2 「안정된 직장」, 「확실한 직장」이 존재하고 있다고 생각합니까? 유감스럽게도 현실적으로 안정된 직장은 존재하지 않습니다. 안정적인 직장과 경제적인 안정은 동의어가 아닙니다. 우리는 매일같이 매스컴을 통해서 구조조정, 정리해고 등 뉴스를 자주 볼 수 있습니다.

대부분의 경우, 회사가 호경기를 지속하는 것은 3년에서 6년 정도의 기간이라고 합니다. 그 후에는 어떠한 변수가 나타날지는 아무도 모릅니다. 그래서 평생직장으로 알고 있었던 샐러리맨들이 구조조정의 대상이 되어서 직장 밖으로 내몰리고 있습니다. 그래도 이런 사람들은 모두 재취업을 시도하기 위해서 같은 내용의 이력서를 갖고 동일 직종의 직장을 찾고 있습니다.

설령 그들이 다시 동일 직종의 회사에서 일하게 된다고 해서 안정된 직장을 갖게 되었다고는 할 수 없을 것입니다. 그러한 불안정한 직업을 선택하는 것이라면, 차라리 초기에는 고생이 되더라도 보다 고용불안에서 벗어날 수 있고 평생동안 종사할 수 있는 네트워크 마케팅을 선택하는 편이 현명하다고 생각합니다.

답변 3 이제는 당신의 미래를 위하여 냉정해져야 합니다. 직장인의 고용안정을 보장해 주는 사람은 직장인 자신이 아니고, 칼자루를 잡고 있는 고용주라고 하는 사실입니다. 직장인은 그 칼날에 언제 베어질지 모르는 불안한 상태에서 있는 것입니다. 그래서 언젠가 칼날에 베일지 모르는 파국의 위험을 피하기 위해서는 평생직업을 선택하여야 하는 것입니다.

네트워크 마케팅에서는 구조조정, 정리해고와 같은 위험이 없습니다. 또한 직장인의 경우에는 급여를 고용주가 주는 대로 받아야 하지만, 네트워크 마케팅에서는 자신의 수입을 스스로가 결정하여 올릴 수 있습니다. 그리고 어느 정도 성공을 거두면 권리수입을 지속적으로 얻을 있기 때문에, 그야말로 안정된 직업이라고 할 수 있을 것입니다.

답변 4 「사오정」이라는 단어가 「사십오세가 되면 정리대상이 된다」는 의미를 줄여서 하는 말이라는 우스운 이야기가 있습니다. 이는 일단 회사에 취직하게 되면, 평생동안 안주할 수 있는 시대는 이미 옛날 이야기로 되고 있다는 것을 시사하는 것입니다. 회사에 입사해서 평생동안 큰 걱정 없이 근무할 수 있다는 의식을 가질 수 없게 되어가고 있는 것입니다.

최근에는 이러한 상황의 영향을 받아서인지 거의 대부분의 직장인들은 현재의 회사에서 평생동안 근무하겠다는 생각을 갖고 있지 않습니다. 다시 말해서 자립의 길을 선택하고 있는 것입니다. 당신도 직장이라는 울타리에 머물러서는 안정된 인생을 살 수 없다는 사실을 하루빨리 깨닫고 자기고용(self-employment)의 길을 모색하는 것이 현명하다고 생각합니다. 당신의 자립을 위한 도구로써 네트워크 마케팅을 활용할 것을 권장하는 것입니다.

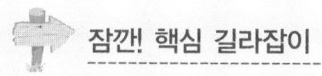 잠깐! 핵심 길라잡이

샐러리맨으로 부자가 된 사례가 없다

　샐러리맨들은 진정으로 원하는 자신의 삶을 스스로 창조하기보다는, 고용주가 정해주는 수입과 라이프 스타일에 따라 일을 하는 편을 선택하고 있습니다. 다시 말해서 「고용살이」를 스스로 선택하고 있는 것입니다. 샐러리맨으로 부자가 된 사례는 역사적으로 없다고 합니다. 월급이 아무리 많아도 「부자」의 주위를 맴돌 뿐입니다. 부자가 되는 길은 월급에 의존하는 수입구조를 바꿔야 합니다. 근로소득보다는 사업소득을 높여야 하는 것입니다.

　'앞으로 어떤 사람이 부자가 될 수 있다고 생각합니까?' 라는 질문에 대한 답은 변화의 기회를 놓치지 않고, 자기 것으로 만들어 가는 사람이라고 할 수 있습니다. 급변하는 정보화사회에서 개인들에게 부자가 될 수 있는 기회의 제공은 과거에 비해 보다 많아질 것입니다.

　과거에는 모든 정보가 국가나 기업에서 갖고 있었기 때문에 부의 통제권도 국가나 기업이 가지고 있었지만, 이제는 정보기술의 발달로 개인도 다양한 정보를 갖게 됨으로써 부를 만들 수 있는 권리가 각 개인에게 돌아가고 있기 때문입니다.

　92년 노벨 경제학상을 받은 개리베커 교수는 「현대인은 모두 자본가」라고 규정하고 있습니다. 현대인은 아무런 밑천이 없어도 누구나 자신의 능력으로 부자가 될 수 있는 기회를 가질 수 있다는 의미에서 이러한 정의를 내린 것입니다.

　부자가 되려면 부를 만들어 내는 방식을 이해하여야 합니다. 열심히 일하는 것을 강조하는 사회는 이미 낙후된 사회입니다. 정보화 사회에서 부자가 되기 위해서는 일터에서 땀을 흘리며 열심히 일하는 것이 중요한 것이 아니라 지혜롭게 일하는 것이 중요합니다.

지혜롭게 일하는 노하우를 갖게 되면 부자가 될 수 있습니다. 현재 당신의 삶이 어떠하든 관계없이, 그것이 당신이 원하던 삶이 아니라면, 오직 한 가지 해결책이 있을 뿐입니다. 무언가 달라질 수 있도록 기회를 찾아보는 것입니다. 당신이 인생에서 어떤 선택을 하느냐에 따라서 모든 것이 달라질 수 있을 것입니다.

| 참고자료 | "변화된 나를 일으키고 부자가 되라"

질문 | **시간이 없다, 바쁘다**

답변 1   당신이 아무리 정신을 차릴 수 없을 정도로 바쁘다고 하더라도 직장 동료나 친구들과 식사나 술자리 모임에 어울리는 시간은 있을 것입니다. 또한 친척들의 결혼식, 문상, 친구들과의 동창회 등의 모임에 찾아가는 시간은 있을 것입니다. 바로 그런 시간에 할 수 있는 것입니다. 이른 새벽시간에 조기축구회에서 운동을 하고 있다면, 그 시간에도 할 수 있는 것입니다.

네트워크 마케팅은 이렇게 바쁜 사람들도 일상적인 일과 연결시키고 자신의 시간을 조절하면서 부업으로 할 수 있는 것입니다. 본인이 하려고 하는 마음만 있다면, 새벽 일찍부터 늦은 밤 시간까지, 남들이 휴식을 취하는 주말시간을 이용해서도 얼마든지 가능한 일입니다. 네트워크 마케팅은 바쁜 사람들이 자투리 시간을 활용할 수 있는 최상의 비즈니스입니다.

답변 2   우리는 인터넷 시대에 살고 있습니다. 인터넷의 특징은 빠른 시간 내에 많은 정보를 많은 사람들이 함께 공유할 수 있다는 것입니다. 인터넷은 네트워크로 이루어집니다. 네트워크 마케팅도 이와 마찬가지로 다른 사람들과 네트워크를 형성하여, 서로가 갖고 있는 시간, 경험, 지식, 인맥 등을 같이 공유하는 것입니다.

당신이 바쁘다면, 모든 것을 혼자 하려고 하지말고 시간적 여유가 있는 사람과 역할을 분담해서 부족한 시간을 보충할 수도 있습니다. 당신은 시간이 없지만 풍부한 인맥을 갖고 있다면, 인맥은 없지만 여유로운 시간을 갖고 있는 사람에게 당신이 알고 있는 사람을 소개해 주고 그 사람의 시간을 활용할 수 있는 것입니다. 네트워크 마케팅은 당신이 시간을 낼 수 없더라도 다른 사람의 시간을 공유하여 얼마든지 활용할 수 있는 것입니다.

답변 3 지금 하고 있는 일을 하면서, 새로운 일을 추가적으로 하려고 하여도 당신처럼 시간이 없다고 하는 사람들을 흔히 볼 수 있습니다. 그러나 당신은 언제까지 바빠야 더 이상 바쁘지 않게 생활을 할 수 있습니까? 당신은 3년이나 5년 후가 된다면 시간적 여유가 생길 수 있다고 생각합니까? 아무래도 그 대답은 "아니다"라고 할 것입니다.

그리고 당신은 현재의 생활에 만족하고 있습니까? 만약에 당신이 현재와 같이 시간에 쫓기는 생활을 계속한다면, 앞으로도 항상 바쁘고 힘든 것은 바뀌지 않을 것입니다. 또한 평생동안 시간이라는 굴레에서 빠져나오지 못하고, 불편한 지금의 생활을 언제까지나 감수하면서 살아 가야할 것입니다.

바쁘다는 것만으로는 충분치 않습니다. 문제는 "무엇 때문에 바쁜가"입니다. 당신이 노력한 대가로 충분한 보상을 받을 수 있는 네트워크 마케팅을 하여야 하는 궁극적인 목표는 자신의 인생에 있어서 경제적 자유뿐만 아니라 시간적 자유의 혜택을 누리기 위해서입니다. 영원히 바쁜 것을 원하지 않는 사람에게 필요한 것이 네트워크 마케팅입니다.

답변 4 저도 당신이 정말로 바쁘다고 생각하고 있습니다. 그러나 그렇게 바쁘게 일을 한다고 해서 반드시 생활의 안정을 의미한다고는 할 수 없을 것입니다. 우리는 바쁘게 일하는 것과 현명하게 일하는 것을 구분할 줄 알아야 합니다. 화창한 날씨에 아무리 바쁘게 팔리지도 않을 우산을 열심히 판다고 해서 돈을 벌 수 없다는 점을 빨리 깨달아야 합니다.

바쁜 사람들에게 흔히 들려주는 명언이 있습니다. "바쁜 것으로는 충분하지 않다. 개미도 바쁘다. 문제는 뭐 하느라 바쁜가 하는 것이다." 그리고 당신이 지금하고 있는 일이 바쁘다면 언제 시간을 내서 멋진 생활을 할 수 있습니까? 아무리 바쁘더라도 한번쯤은 자기 자신 스스로에게 질문을 해 보는 것입니다. "지금의 상태가 계속된다고 해서 장래에 내가 바라고 있는 더 나은 상태가 가능한 것일까?" 만약에 가능하지 않다면, 어떠한 방향으로의 전환이 필요할 것입니다.

일주일에 5~6시간의 투사하여 2~5년 후에는 시간적·경제적 자유를 누릴 수 있는 안정된 생활을 위한 경쟁력을 키우기 위해서 야간에 경영대학원을 다닌다고 치고 네트워크 마케팅 과정을 배워

볼 의향은 없습니까? 졸업을 한 후에는 당신의 현재 수입보다 많은 수입을 올릴 수 있을 것입니다.

답변 5   당신은 하루를 사는 것이 아니라, 하루를 메꾸어 나가고 있을 정도로 바쁘다고 할지도 모릅니다. 그러나 세상에는 시간이 없어서 못하는 일은 없습니다. 다만 시간을 핑계로 해서 다른 것을 하기 때문에, 새로운 일을 못하는 것일 뿐입니다. 따라서 다른 일을 하기 때문에 새로운 일을 못하는 것이지, 시간이 없어서 못하는 것은 아닙니다.

당신이 급한 것만 처리한다면 정말로 중요한 일을 하지 못할 수도 있습니다. 우리가 살아가면서 급하지 않지만 반드시 준비해야 하는 것이 있습니다. 당신은 우선 지금 바쁜 것이 급한 일로 바쁜지, 중요한 일로 바쁜지 생각해 보아야 합니다.

친구들과 어울려서 술자리에 참석하느라고 바쁠 수도 있습니다. 또한 남을 위해서 하는 일 때문에 바쁠 수도 있습니다만, 이렇게 바쁜 것은 인생에서 그다지 중요한 것이 아닙니다. 그것은 당신이 경제적으로 자립하는데 아무런 도움이 되지 않기 때문입니다.

그러나 그러한 일에 낭비할 시간을 활용하여 돈을 벌 수 있는 네트워크 마케팅을 통해서 당신의 경제적 문제들을 해결할 수 있고 궁극적으로는 시간적 자유도 얻을 수 있습니다. 현명한 사람들은 바쁜 일보다는 자신의 인생에서 중요한 일부터 먼저 하고 있습니다. 인생에서 중요한 일이란 자신에게 어떠한 형태로든지 그 보상이 주어지는 일이라고 정의할 수 있습니다.

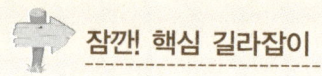 잠깬! 핵심 길라잡이

시간이 없어서 못한다는 사람에게 해주고 싶은 이야기

　아프리카에 미개한 종족이 살고 있었습니다. 그곳에 한 선교사가 파견되었습니다. 그 종족들의 하루 일과 중에서 중요한 일이 물을 길으러 가는 것이었습니다. 그런데 우물이 있는 곳까지 걸어서 가는데 4시간, 오는데 4시간이나 걸렸습니다.

　이것을 지켜보던 선교사는 차라리 마을에 우물을 파라고 제안을 하였습니다. 하지만 종족들은 시간이 없어서 우물을 팔 수 없다고 하였습니다. 물을 길으러 가야하기 때문에 시간이 없어서 우물을 팔 수 없다는 어리석은 생각을 하였던 것입니다.

　우리 주변에도 많은 사람들이 이러한 생각과 습관에서 벗어나지 못하고 있습니다. 우리는 살아가면서 급한 일과 중요한 일을 구분하지 못하는 경우가 흔히 있습니다. 이는 운전하기에 바빠서 주유소에 갈 시간이 없다고 하는 것에 비유될 수도 있을 것입니다. 네트워크 마케팅은 목이 마를 때 언제든지 물을 마실 수 있는 우물을 2~5년 동안만 파내려 가면 되는 사업입니다.

다른 사람의 시간을 활용할 수 있는 네트워크 마케팅

　네트워크 마케팅은 시간이 없는 사람이 다른 사람의 시간을 활용할 수 있는 「지렛대의 효과」를 얻을 수 있습니다. 고대 그리스의 수학자인 아르키메데스는 "지렛대를 이용하면 지구라도 들어 올릴 수 있다"고 말하였듯이 아주 옛날부터 지렛대를 이용하면 작은 노력으로 큰 효과를 볼 수 있는 것을 알고 있었던 것입니다.

　예를 들어 「지렛대의 효과」는 비디오, 카세트 테이프, CD 등과 같이 하나를 만들어 놓으면 이를 복제해서 무한대로 만들어 낼 수 있는 것과 같은 원리입니다. 그래서 바쁜 사람이라도 네트워크 마케팅의 사업구축에 성공할 수 있도록 되어 있습니다. 당신이 투입할 수 있는 시간은 1주일에 5시간 정도인지도 모릅니다. 만약 당신과 같이 1주일에 5시간 일하는 것이 가능한 사람을 10명 찾아냈다고 하면 어떻겠습니까? 당신은 1주일에 55시간을 활동하게 됩니다. 물론 그 55시간에 대해서 당신은 보상을 받게 됩니다.

궁극적으로는 시간적·경제적 자유를 누릴 수 있는 방법이라고 이해할 수 있으면, 아무리 바쁜 사람이라도 1주일에 5~6시간 정도의 시간을 내는 것은 가능할 것입니다. 당신도 매주 조금의 시간을 투입하는 것을 계속해 가면, 지금부터 2~5년 후에는 지금 이상의 경제적 자립을 이루고, 하고 싶은 때에 할 수 있는 시간적 자유를 얻을 수 있는 가능성이 있는 것이 네트워크 마케팅의 비전입니다.

| 참고자료 | "지렛대 효과와 홈비즈니스"

질문 | 가족과 함께 보내는 시간을 빼앗기가 싫다

답변 1 제가 네트워크 마케팅을 하는 궁극적인 목표는 가족과 더 많은 시간을 보내기 위해서입니다. 저의 경우에도 현재의 직장 생활을 하면서 가족과 함께 보내는 시간을 충분히 내지 못하고 있습니다. 앞으로도 직장을 그만 둘 때까지는 가족과 함께 자유스럽게 보낼 시간을 낼 수 없을 것 같습니다. 그래서 지금부터라도 가족을 위해서 무엇인가를 하고자 하였던 것입니다.

경제적으로 뿐만 아니라, 시간적으로도 자유로운 생활을 할 수 있는 방법은 무엇이라고 생각합니까? 그것은 무엇인가를 열심히 일을 한 후에, 특별히 하는 일이 없어도 지속적으로 들어오는 영원한 인세형태의 권리수입을 갖는 것입니다. 네트워크 마케팅은 이와 같은 인세형태의 권리수입을 얻을 수 있습니다. 현재는 일주일에 몇 시간을 투자해서 더 힘들지 모르지만, 앞으로 남은 평생동안을 가족들과 함께 보낼 수 있는 시간을 가질 수 있는 것입니다.

헤밍웨이는 자신이 살아 생전에 벌었던 돈 보다 더 많은 돈을 죽은 후에도 그 자손들이 받게 하고 있습니다. 네트워크 마케팅의 권리 수입도 가족에게 상속이 가능하기 때문에 당신이 혹시 불의의 사고를 당하는 경우에도 남은 가족에게는 유산으로 남겨 줄 수 있습니다. 가족을 위해서라면 일주일에 5~6시간을 투자하는 것이 아깝지 않을 것입니다.

질문 | **아는 사람이 별로 없다**

답변 1   당신이 많은 사람들을 알고 있지 않아도 상관없습니다. 당신의 주변 사람들 중에서 많은 사람을 알고 있는 사람을 몇 명 알고 있으면 됩니다. 그들의 인맥을 제대로 활용할 수 있다면, 얼마든지 성공이 가능한 시스템으로 되어 있기 때문입니다. 당신의 배우자, 형제, 친구 중에서 발이 넓은 몇 사람을 저에게 소개해 줄 수 있다면, 당신을 대신해서 그들을 중심으로 하여 얼마든지 당신의 사업으로 해 나갈 수 있는 것입니다.

답변 2   네트워크 마케팅은 아는 사람이 많아서 하는 것이 아닙니다. 현재 네트워크 마케팅에 참여하고 있는 사람들 중에서도 친구가 별로 없었던 사람들도 많이 있습니다. 당신은 많은 수의 사람들을 대상으로 하여 직접 권유할 필요가 없습니다. 당신을 신뢰해 주고 당신과 뜻을 같이 해 줄 수 있는 3~6명을 확보할 수 있다면, 그것으로도 충분한 것입니다.

답변 3   네트워크 마케팅은 현재 친하게 지내고 있는 친척이나 친구들만을 대상으로 하는 것이 아닙니다. 당신이 상대방의 이름을 몰라도 만나면 눈인사 정도를 하면서 지내고 있는 거래은행의 직원, 우유배달 아줌마, 수퍼의 아저씨 등과 같은 사람들을 알고 있어도 충분히 할 수 있는 것입니다. 당신이 이렇게 알고 있는 사람들의 명단을 작성할 때마다, 10만 원권의 상품권을 받을 수 있다고 한다면, 당신은 몇 장의 상품권을 받을 수 있다고 생각합니까?

답변 4 당신이 돈을 빌려달라는 등과 같은 아쉬운 이야기를 하고 싶은 사람들은 별로 없을 것입니다. 그러나 이와는 반대로 당신의 입장에서 무엇인가를 주고 싶은 대상자를 생각해 보면, 많은 사람들이 있을 것입니다. 만약에 당신이 무엇인가를 나누어주고 싶은 사람들의 명단을 작성해 본다면, 많은 사람들을 알고 있다는 사실을 발견하게 될 것입니다.

답변 5 우리가 이제까지 살면서 헤아릴 수 없을 정도로 많은 사람들과의 만남이 있었고, 현재에도 많은 사람들과 인간관계를 맺으며 생활하고 있습니다. 다만, 평상시에 그들과 자주 연락을 하지 않았었고 만나지 못하고 있기 때문에 지금 바로 머릿속에 떠오르지 않을 뿐입니다. 차분히 시간을 내어서 생각을 해 본다면 분명히 많은 사람들을 생각해 낼 수 있을 것입니다.

답변 6 당신은 사람들과 사귈 수 있는 방법이 무엇이라고 생각합니까? 당신은 현재와 사귀고 있는 친구를 어떻게 만났습니까? 우선 만났기 때문에 친구가 되었을 것입니다. 이 사업을 하다보면 많은 사람들과 만날 기회가 생기게 됩니다. 그들과 자주 만나게 되면 친구가 되는 것입니다.

또한 상대방에게 나누어 줄 무엇이 있다면 자연적으로 친하게 됩니다. 네트워크 마케팅 세계에서 「더불어 나누어 갖는다」라는 용어가 자주 사용되고 있습니다. 네트워크 마케팅은 상대방에게 꿈과 희망을 찾아주고, 보상을 나누어 가질 수 있는 것입니다. 그래서 이러한 것들을 나누어 가짐으로써 친하게 될 수 있는 것입니다.

질문 │ 말주변이 없다

답변 1 혹시 당신은 쉴새없이 떠들어 대는 사람을 보고 말을 잘하는 사람이라고 생각하고 있는 것은 아닙니까? 그러나 그런 사람들에게 남는 결과는 아무 것도 없을 것입니다. 실제로 말을 잘하는 사람은 다른 사람의 말을 잘 들어 주는 사람입니다. 상대방이 하는 말에 대해서 관심 있게 들어 주면서 맞장구를 쳐주고 공감을 해주면, 상대방은 친밀감을 느껴서 당신이 전달하고자 하는 메시지에 귀를 기울일 것입니다.

또한 사람들은 입을 통해서 나오는 말보다는 말하는 사람의 됨

됨이와 열정에 의해서 큰 영향을 받습니다. 당신이 전달하고자 하는 메시지에 대해서 스스로가 확신을 갖고 열정을 보인다면 몇 백 번의 말보다는 훨씬 효과적일 것입니다.

답변 2 네트워크 마케팅은 혼자서 하는 것이 아니기 때문에, 말주변이 없어서 상대방에게 제대로 설명을 할 수 없어도 충분히 할 수 있습니다. 당신이 직접 설명을 하지 않아도, 당신을 대신해서 설명을 해 줄 사람들이 저를 비롯해서 얼마든지 있는 것입니다.

설령 당신이 말을 잘하는 사람이라고 하더라도, 열정적인 사람들이 모이는 설명회나 행사장 등에 데리고 가서 성공자들의 이야기를 듣도록 하고 그 분위기에 빠져 들어가게 하는 편이 훨씬 효과적입니다.

그리고 네트워크 마케팅에서는 제품의 좋은 점, 사업의 비전을 말로 전달하는 것이 아니고, 감동으로 전달하여야 합니다. 이는 상대방의 머리에 호소하는 것이 아니고, 가슴에 호소하는 것이기 때문에 당신이 열정을 갖고 있다면 아무리 말주변이 없는 눌변가라 하더라도 그 열정은 제대로 전달될 수 있습니다.

질문 | 경험이 없어서, 자신이 없다

답변 1 당신은 어린 아이도 잘 타는 자전거도, 이제까지 타 본 경험이 없었다면 타 볼 자신이 없다고 할 것입니다. 이와 마찬가지로 거의 모든 사람들이 자신이 직접 해 보지 않은 것에 대해서 자신이 없다고 하는 것은 당연한 것입니다. 처음에 자전거를 배울 때는 뒤에서 누군가 잡아주어야 합니다.

네트워크 마케팅을 배우는 과정도 자전거 타기를 배우는 과정과 매우 흡사합니다. 처음 시작을 할 때에 당신을 일 대 일로 지원해 주는 스폰서가 당신의 뒤를 돌보아 줄 것입니다. 그리고 네트워크 마케팅의 핵심은 복제에 있습니다. 당신은 성공자의 방식을 반복해서 복제만 한다면 얼마든지 가능한 것입니다.

답변 2 사업의 경험이 없는 사람이 하기 쉬운 것이 프랜차이즈 사업일 것입니다. 프랜차이즈 사업에서는 본사가 점포의 준비, 사업의 노하우 등 모든 것을 제공해 주기 때문에 사업의 경험이 없는 많은 사람들도 프랜차이즈 사업에 뛰어 들 수 있는 것입니다. 네트워크 마케팅도 무점포 프랜차이즈와 마찬가지로 당신의 스폰서로부터 모든 지원을 받을 수 있기 때문에 경험이 없어도 얼마든지 할 수 있는 것입니다.

답변 3   모든 일에서 경험은 중요합니다. 하지만 네트워크 마케팅에서 성공하고 있는 대부분의 사람들은 과거에 당신과 같이 네트워크 마케팅에 대한 특별한 경험이 없었던 사람들입니다. 이제부터 제품 사용의 경험만 있으면 얼마든지 할 수 있습니다. 당신이 하는 일은 당신이 제품을 사용해 보고 당신이 경험한 제품의 좋은 점, 사업의 비전에 대한 정보를 알려주는 것뿐입니다.

네트워크 마케팅은 혼자서 하는 사업이 아닙니다. 당신을 도와줄 수 있는 많은 사람들과 함께 할 수 있는 것입니다. 실제로 당신이 다른 사람에게 정보를 전달할 때, 시스템에서 제공하는 자료, 설명회를 이용할 수 있고 저를 포함한 여러 스폰서들이 당신을 도와 주기 때문에 안심을 하여도 됩니다.

답변 4   네트워크 마케팅은 자기 중심적인 사업이라기 보다 팀 중심의 사업입니다. 혼자서 하는 것이 아니고, 다른 사람과 함께 해 나가는 사업입니다.

우리나라에서 겨울을 지낸 철새들이 멀고 먼 시베리아까지 날아가기 위해서 수천 마리가 모여서 마치 커다란 불사조와 같은 대형으로 큰 어려움 없이 날아갑니다. 그러나 한 마리의 철새가 날아간다면 엄두도 못 낼 일입니다.

이와 같이 한 사람의 힘으로는 할 수 없는 것도 모두가 힘을 합하면 생각할 수 없을 정도로 큰 힘을 발휘할 수 있는 것입니다. 팀워크의 파워를 사업에서 활용하는 것이 네트워크 마케팅입니다. 따라서 당신이 경험이 없다고 하더라도, 앞에서 끌어 주는 스폰서들의 지원을 받아가면서 활동할 수 있기 때문에 스폰서가 인도하는 대로 쫓아 가다보면 당신도 충분한 경험을 가질 수 있게 됩니다.

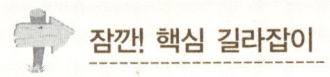
잠깐! 핵심 길라잡이

철새는 왜 V자로 무리를 지어 날고 있을까?

철새들이 V자로 무리를 지어 날고 있는 것은 앞에 날고 있는 새의 날갯짓으로 생기는 상승기류로 바로 뒤에서 날고 있는 새는 힘을 덜 쓰고 날기 때문입니다. 이러한 사실을 증명하기 위해서 프랑스 국립과학연구소 바이머스키르히 박사팀은 새들이 V자를 이루고 날아가면 단독으로 날 때보다 훨씬 힘을 덜 쓴다는 연구결과를 발표했습니다.

이들은 펠리컨이 경비행기를 따라 날도록 훈련시킨 뒤, 혼자 날 때와 V자 대열로 날 때 분당 심장 박동수와 분당 날갯짓 수를 측정하였습니다. 그 결과 V자로 날 때가 심장 박동수나 날갯짓 수가 훨씬 적었다고 합니다. V자 대열을 이룰 때 에너지를 그만큼 적게 사용한다는 이야기입니다.

그 이유는 앞의 새가 일으키는 날갯짓으로 뒤에 상승 기류가 생기기 때문에 뒤에 있는 새는 날갯짓을 적게 하여도 떨어지지 않고 공중에 떠있게 되는 것입니다. 이 상승기류는 새의 날개 끝에서 만들어지므로, 그 덕을 보려면 앞의 새의 날개 끝에 자리해야 합니다. 이렇게 한 새의 날개 끝에 다음 새가, 또 그 날개 끝에 그 다음 새가 따라가다 보면 결과적으로 무리의 모양이 V자를 이루게 됩니다.

사람은 혼자서 살아갈 수 없습니다. 하물며 큰 날개를 펼치기 위해서는 한계가 있습니다. 역시 많은 사람들이 힘을 모아서, 모두가 하나로 되어 날개를 펼쳐야 하는 것입니다. 한 사람의 힘으로는 실현할 수 없는 것을 많은 사람들이 그룹을 형성하게 되면 간단하게 달성할 수 있는 것입니다. 이러한 원리를 사업에 활용하는 것이 네트워크 마케팅인 것입니다.

| 질문 | 주변 사람들이 어떻게 생각할까 걱정이다

답변 1 당신이 어떤 일을 시작하더라도, 비판적으로 생각하는 사람은 비판적인 반응을 보이게 되어 있습니다. 그들은 당신의 입장을 정확히 이해하지 못하고, 자신의 판단기준만을 가지고 비난할 수도 있습니다. 만약에 당신이 하고자 하는 일에 대해 비난하는 사람이 3명 정도라고 합시다. 그 3명의 사람들에게 당신의 인생을 맡기는 것이 바람직하다고 생각합니까?

그들은 당신의 입장이 아닙니다. 당신의 인생은 당신 스스로가 지켜 나가야 합니다. 다른 누구라도 당신을 대신해서 살아 주는 것이 아닙니다. 설령 부모, 형제라고 하여도 당신을 대신할 수 없는 것입니다. 다른 사람들의 시야에서 바라보는 것이 아니고, 당신의 시야에서 바라보아야 하는 것입니다.

경우에 따라서는 네트워크 마케팅의 진실된 면을 이해하지 못하고 있는 주변 사람들 중에서 당신이 혹시 피라미드의 함정에 빠져 있지 않은가 해서 염려해 줄 수도 있습니다. 이러한 경우에는 시간이 걸리겠지만, 당신 스스로가 진실된 면을 보여주게 되면 언젠가는 자연적으로 도와주려고 할 것입니다. 진정으로 당신의 입장을 이해를 해주고 잘 되기를 바라는 사람은 당신이 하고자 하는 일에 대해서 부정적으로만 생각하지는 않을 것입니다.

답변 2　다른 사람들이 하고 있지 않는 일을 할 때에는 반드시 그런 기분이 드는 것은 당신뿐만 아니라 누구나 마찬가지일 것입니다. 이는 항상 "내가 이렇게 하면, 다른 사람들이 어떻게 생각할까?"를 의식하게 되는 굴절된 심리상태를 갖고 있기 때문입니다.

　실제로 당신이 우려할 정도로 주변 사람들이 당신에 대해서 많은 관심을 갖고 있는 것이 아닙니다. 이를 증명하기 위해서 당신이 주변 사람들의 일에 대해서 어느 정도로 관심을 갖고 있는가를 생각해보면 쉽게 알 수 있을 것입니다.

　또한 때로는 누군가가 당신을 주목하고 있는 것처럼 생각이 드는 경우도 있겠지만, 그것 역시 한 순간의 현상으로 바로 잊어버리는 경우가 대부분일 것입니다.

　다른 사람들의 반응에 애민하게 신경을 쓸 필요가 없는 것입니다. 그들에게는 당신과 같이 절실한 문제가 아닐 수도 있고, 그 기회가 그들을 위한 것이 아니라고 생각하기 때문에 그들의 태도와 상황이라는 것은 언제든지 바뀔 수 있는 것입니다. 미래에 대한 비전이 없는 다른 사람의 눈이 아니라, 당신의 눈을 통해서 당신을 위한 결정이 필요합니다.

답변 3　다른 사람들의 입장에서는 당신의 인생이 어떻게 되든 상관없이 제멋대로 말할지도 모릅니다. 당신은 부정적인 생각을 하고 있는 사람들과 뜻을 같이하여 현재 생활에 만족하고 사는 인생을 선택하겠습니까? 과연 그런 사람들이 당신이 경제적으로 빈곤해지거나, 노후에 도움이 필요한 경우에 당신에게 얼마나 도움을 주리라고 기대할 수 있습니까?

아무도 도와주려고도 하지 않을 뿐만 아니라, 당신의 인생을 풍요롭게 해주는 일은 절대로 없을 것입니다. 그러나 네트워크 마케팅을 통해서 미래를 준비하기 위하여 긍정적인 생각을 갖고 있는 사람들과 함께 한다면 당신은 경제적인 면에서 자유롭게 될 수 있을 뿐만 아니라, 앞으로 다가오는 노후생활에 대한 불안감에서도 벗어날 수 있습니다.

답변 4 이제까지 새로운 것을 하려고 하였던 사람들은 누구나 처음에는 비난을 받았다고 합니다. 라이트 형제가 하늘을 날을 수 있는 비행기를 발명한다고 했을 때에 많은 사람들이 비웃었던 것을 상상해 보기 바랍니다. 그러나 라이트 형제는 그런 사람들 때문에 멈추지 않았습니다.

꿈을 이루고자하는 당신의 기회에 대해서 주변 사람들 중에는 비아냥거리거나, 이 사업에 대해서 인정하지 않는 사람들이 있을지도 모릅니다. 그러나 그런 사람들이 당신을 대신할 수 없습니다. 당신의 삶을 결정하는 사람은 바로 당신입니다. 다른 사람들이 어떻게 생각할까하는 문제에 집착하다 보면, 실제로 당신에게 주어진 기회를 놓쳐 버릴 수 있는 것입니다. 따라서 「누군가 하는 말」

이나 「다른 사람들의 생각」을 기준으로 하여 자신의 행동을 제한 받거나, 포기를 해서는 안 되는 것입니다.

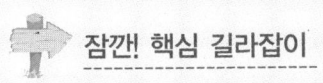
잠깐! 핵심 길라잡이

비판을 무서워하는 것은 성공을 무서워하는 것이다

  수 없이 많은 사람들이 연령을 불문하고 주변 사람의 눈치를 보게되어, 자신의 일생을 망치고 있다. 이는 상대방을 지나치게 의식하고, 그의 비판적 의견을 두려워하는 것이다. 상대방이 아무리 훌륭하고, 고결한 인품을 갖고 있더라도, 당신의 정당한 희망을 포기하게 하거나, 당신이 자유롭게 살 권리를 침해하는 것은 있을 수 없는 것이다.

- 나폴레옹 힐

남의 이야기만 듣고서 당나귀를 메고 가는 아버지와 아들의 이야기

  옛날에 어떤 사람이 아내와 어린 아들과 함께 살고 있었습니다. 그들은 행복했지만 더 많은 돈이 필요했습니다.

  하루는 아내가 남편에게 말했습니다.

  "돈이 없으니 당나귀를 팔아요."

  남편은 당나귀를 팔자는 아내의 말에 따랐습니다. 그래서 아버지와 아들은 당나귀를 데리고 걸어서 읍내를 향하여 떠났습니다.

  얼마 안 가서 그들은 친구 한 사람을 만났습니다. 그 친구가 말했습니다.

  "자네, 미쳤나? 왜 다리 아프게 걸어가고 있나? 한 사람이라도 당나귀를 타고 가야 할 게 아닌가?"

  그래서 아버지는 아들을 당나귀에 태웠습니다.

  또 얼마 안 가서 어떤 할아버지를 만났습니다. 아버지는 걸어가고 아들은 당나귀를 타고 가는 것을 보고 그 할아버지가 말했습니다.

  "저런, 저런! 버릇없이 어린 녀석이 당나귀를 타고 어른이 걷다니, 당신이 당나귀를 타야 하오."

그래서 이번에는 아들이 당나귀에서 내려오고 아버지가 올라탔습니다. 또 얼마 안 가서 어떤 할머니를 만났습니다.

"아니, 미쳤소? 왜 아버지가 당나귀를 타고, 어린 아들은 걷고 있소? 차라리 두 사람이 당나귀를 함께 타면 좋지!"

그래서 아들도 당나귀에 올라탔습니다.

또 얼마 안 가서 농부 한 사람을 만났습니다. 그 농부는 말했습니다.

"아니, 미쳤소? 두 사람이 한꺼번에 당나귀를 타다니. 그래 가지고는 읍내까지 가기도 전에 당나귀가 쓰러지고 말거요. 둘 다 내려서 당나귀를 읍내까지 데리고 가야 하오."

그래서 아버지와 아들은 당나귀를 장대에 묶어서 짊어지고 낑낑대며 읍내까지 데리고 갔습니다. 그 광경을 보고 읍내 사람들은 깔깔 웃었습니다. 시끄러운 웃음소리에 당나귀는 깜짝 놀랐습니다. 당나귀는 발버둥을 치고 장대를 빠져나갔습니다. 그리고는 멀리 달아나 버렸습니다.

그러자 아들이 아버지에게 말했습니다.

"엄마한테 뭐라고 말할 거예요?"

아버지가 대답했습니다.

"난 말이야, 엄마의 부탁을 들어주려고 당나귀를 파는데 찬성했단다. 그리고 넌 내 친구를 즐겁게 해 주려고 당나귀를 탔고, 난 할아버지를 즐겁게 해 주려고 탔지. 또 우리 둘은 할머니를 즐겁게 해 주려고 당나귀를 탔지. 마지막에는, 농부를 즐겁게 해 주려고 당나귀를 메구 왔고."

아버지는 한숨을 쉬었습니다. 그리고 나서 말을 이었습니다.

"아버지가 네 엄마한테 이 말을 해 줘야겠다. 모든 사람을 만족시켜 줄 수는 없다고. 그러다가는 아무도 만족시켜 줄 수 없단 말이야. 우리 자신은 말할 것도 없고."

그리고 다시는 다른 사람들의 말에 흔들리지 않겠다고 다짐하며 집으로 돌아왔습니다.

결국, 당나귀 주인은 만나는 사람들이 다른 이야기를 할 때마다 그 말대로 해서 아내가 기대하는 돈도 구할 수 없게 되어 자신만 손해를 보고, 자기중심적으로 이야기를 해준 주위의 사람들은 아무도 손해를 보지 않았던 것입니다.

이는 자신의 뚜렷한 주관 없이 주위 사람들이 하는 이야기에 이끌리다 보면, 결국은 자신만 낭패를 보게 된다는 교훈을 시사하는 내용입니다. 당신이 어떤 선택을 하기 전에 당신이 가장 염두에 두어야 할 것은 당신이 그것을 하여야 하는 이유와 목적일 것입니다. 다른 사람들이 어떻게 생각할까 하는 문제에 집착하다 보면 그 선택은 실수가 되기 쉬운 것입니다.

또 그것을 두려워하다 보면 성공을 향해 나아갈 수가 없으며 당신의 성장을 위해 필요한 중요한 기회와 경험들을 놓치게 됩니다. 따라서 당신의 일은 당신이 주체가 되어 판단하여야 하는 것입니다. 오직 당신만이 어떤 사람이 될 것인지, 여생을 어떻게 살 것인지를 결정할 수 있다는 사실을 명심하여야 합니다.

| 참고자료 | "당신의 5년후 모습은?"

질문 | **나에게는 어울리지 않을 것 같다**

답변 1 이 사업을 친척이나 친구들을 찾아다니면서 판매를 해야 하는 세일즈라고 한다면, 분명히 당신에게 어울리지 않을 것입니다. 그러나 네트워크 마케팅은 그렇게 하는 것이 아닙니다. 네트워크 마케팅은 당신이 먼저 사용해 보고서 만족했던 제품을 다른 사람들에게 추천해 주고, 좋은 제품이 함께 하는 대단한 사업의 기회를 주변 사람들에게 알려 주는 것입니다. 이렇게 다른 사람들을 위해서 도움을 줄 수 있는 이 사업이야말로 당신에게 어울릴 것 같다고 생각합니다.

답변 2 목표도, 희망도 상실하고 살아가고 있는 주변 사람들에게 꿈을 찾아주고, 큰 빚더미에서 헤어나지 못하고 있는 사람들에게 인생의 패자부활이 가능하도록 도와줄 수 있는 것이 네트워크 마케팅의 훌륭한 점입니다.

당신의 주변에는 잘 사는 사람이 있는가 하면, 못사는 사람들도 반드시 있을 것입니다. 당신은 네트워크 마케팅을 통해서 주변 사람들의 잃어버린 꿈을 찾아주고 재기를 도와 줄 수 있는 일을 충분히 할 수 있습니다. 물건을 파는 일은 당신에게 어울리지 않아도, 이런 사람들을 도와 주는 일은 어울린다고 생각합니다.

질문 | **사회적 체면 때문에 할 수 없다**

답변 1   과거의 네트워크 마케팅만을 생각한다면 충분히 공감이 갑니다. 그러나 최근에 새로운 형태로 변모한 네트워크 마케팅은 과거와는 전혀 다른 사업형태로 바뀌었습니다. 과거에는 집안에 제품을 쌓아 놓고, 제품을 갖고 다니면서 판매하고, 대금을 회수하고, 회원들에게 보너스를 직접 배분해주는 일까지도 하였습니다.

　대단히 성가시고 귀찮은 일을 많이 해야 했던 것입니다. 그래서 사회적으로도 정당한 인정을 받지 못하였고, 특히 전문직에 종사하는 사람들에게는 적합하지 않았을 것입니다. 그러나 최근에는 정보기술, 인터넷의 발달에 따라서 이러한 것들을 모두 회사가 대행해 주고 있습니다. 또한 제품을 갖고 오가는 일도 택배회사에서 대행해 주고 있어서 이러한 일에 수고를 할 필요도 없고 시간낭비를 하지 않아도 됩니다.

　네트워크 마케팅회사에서는 직원채용, 재고관리, 제품배달, 가격결정, 연구개발, 카탈로그 제작, 품질관리, 재무관리, 관공서의 인허가, 대금지불 등의 모든 것을 관리를 해 주고 있습니다. 그래서 최근에는 제조회사와 소비자를 직접 연결시켜주는 네트워크를 구축하는 일을 사회적으로 신망을 받고 있는 전문직종의 사람들도 부업으로 하고 있는 것입니다.

답변 2　당신이 생각하고 있는 진정한 의미의 자존심은 어떠한 것입니까? 잘못된 싸구려 자존심 때문에 진정한 의미의 자존심을 망칠 염려는 없습니까? 돈이 없어서 친구에게 돈을 빌리는 것이 진짜 자존심 상하는 것이라고 생각합니다. 또한 누구에게나 찾아오는 노후생활을 자식들에게 손을 안 벌리고, 자존심을 지킬 수 있다고 생각합니까? 이 사업은 건강할 때 활동하여, 당신이 구축한 네트워크가 커짐에 따라 인세형태의 권리수입을 받을 수 있기 때문에 노후에도 자존심을 지키면서 풍요롭게 생활할 수 있는 것입니다.

답변 3　이 사업을 하려고 하는 대부분의 사람들도 처음에는 그렇게 생각하였습니다. 보통 사람들은 네트워크 마케팅은 세일즈이며 주변 사람들을 이용해서 돈을 버는 사업으로 생각하고 있기 때문일 것입니다. 그러나 최근에는 변호사, 의사, 교수, 언론기관 및 기업의 고위간부 등 많은 전문직 종사자들도 참여하고 있습니다. 왜 그들이 네트워크 마케팅에 참여하고 있는지에 대해서 알아 본 후에는 당신의 갈등이 해소될 수 있을 것입니다.

질문 | 집사람(남편)이 반대할 것 같다

답변 1 현재 네트워크 마케팅을 부부가 함께 하는 경우에도, 대부분이 처음에는 한 사람이 먼저 시작하였습니다. 이는 먼저 시작한 사람이 기반을 닦은 후에 부부가 함께 하고 있는 것입니다. 아무리 부부라고 해도 당신의 말 한마디에 덜컥 함께 한다고는 할 수 없을 것입니다. 네트워크 마케팅이 아직 생소하고, 주변 사람들에게 제품을 팔아야 한다는 부담감 때문에라도 망설일 수 있는 것입니다.

집사람(남편)도 하나의 인격체를 갖고 있는 사람이기 때문에 이를 존중해 주어야 하고 선택권을 주어야 합니다. 그러나 당신의 진지한 자세를 보고 네트워크 마케팅의 진실한 면을 알게 되면, 처음에는 부정적이었던 마음도 서서히 열리게 될 것이며 동참하게 될 것이라는 사실을 이제까지 성공한 사람들의 경험을 통해서 자신 있게 말 할 수 있습니다. 그래서 중요한 것은 집사람(남편)의 반대가 아니고, 이를 극복하기까지에 필요한 당신의 진지한 자세입니다.

답변 2 네트워크 마케팅에서 성공한 사람들 중에도 처음에는 집사람(남편)의 반대에 직면하였던 경우가 많이 있습니다. 이는 피라미드와 혼동하면서, "자라 보고 놀란 가슴 솥뚜껑 보고 놀란다"라는 말처럼 그렇게 생각하는 것은 아주 당연할 것입니다. 또한 네트워크 마케팅에 대해서 아무런 준비가 되어 있지 않은 당신의 허술한 말 한마디를 듣고 반대하는 것은 아주 당연하다고도 할 수 있습니다.

부부이기 때문에 처음부터 무조건 함께 하여야 한다는 것은 무리한 주장이고 갈등의 씨앗이 될 수 있습니다. 네트워크 마케팅은 어느 경우에도 시간이 필요합니다. 그러나 진실은 언젠가는 알게 되어 있습니다.

이를 위해서 우선 당신이 하고 일이 합법적이고 주변 사람들에게 피해를 주지 않는다는 사실을 보여 주어야 합니다. 추가적인 부수입을 올리고 가족의 미래를 위한 대비책을 마련하기 위해서 진지하고 모범적인 자세를 보여 주게되면, 말릴 집사람(남편)은 없을 것입니다.

답변 3 집사람(남편)이 반대하는 이유는 당신을 보호하기 위해서거나, 네트워크 마케팅에 대해서 제대로 이해하지 못하기 때문일 것입니다. 여기서 중요한 것은 당신의 집사람(남편)이 네트워크 마케팅에 대해서 얼마나 이해하고 있느냐 하는 것입니다. 이를 위해서 당신이 먼저 네트워크 마케팅의 진실된 면을 알아보고 법적으로나 윤리적으로도 문제가 없다는 것을 집사람(남편)이 이해할 수 있게끔 시간을 할애해 주어야 합니다.

또한 윤리적으로 정당하게 추가적인 일을 하여 자녀들에게 풍요롭고 행복한 삶을 물려 줄 수 있는 인세형태의 소득이 상속될 수 있다는 점을 알려주면, 가족을 위해서 가치 있는 일을 하고 있다는 것을 인정받을 수 있을 것입니다. 이를 위해서는 우선 먼저 당신이 정확하게 알아보는 것이 중요합니다.

답변 4 부부싸움을 하는 이유가 대부분이 경제적 문제 때문에 할 것입니다. 부부간에 있어서 아무리 사랑하는 사이라고 하더라도, 돈이 없으면 원만한 관계를 유지할 수 없게 되는 경우를 많이 보아 왔습니다. 경제적으로 언제나 쪼들리게 되면, 사랑보다는 짜증이 앞서게 되는 것입니다. 지금의 수입에 얼마나 추가의 수입이 생긴다면 부부싸움을 하지 않을 것 같습니까?

부부싸움을 하지 않기 위해서라도 초기의 편견과 오해로 인한 집사람의 반대를 극복하고, 네트워크 마케팅의 진실된 면을 알려준다면 부부사이는 더욱더 원만한 사이가 될 것이라고 자신있게 이야기할 수 있습니다. 또한 당신이 퇴근해서 친구들과 술을 먹거나, 노래방에 가거나, TV를 보던 시간에 책을 읽고, 테이프를 듣고, 미팅에 참석하면서 변화된 모습을 보여준다면 반대만 하던 집사람도 관심을 갖게 될 것입니다.

답변 5   네트워크 마케팅을 시작한 초기에는 스폰서가 집으로 전화를 하면 그 남편이 못마땅해서 무조건 전화를 끊었던 사례도 있을 정도입니다. 그러나 나중에 그 배우자가 직접 알아 본 후에는 찬성하는 정도가 아니라, 오히려 자신이 하던 일까지도 마다하고 부부가 함께 참여하는 경우가 비일비재합니다.

따라서 당신의 집사람(남편)이 네트워크 마케팅에 대해서 알아볼 수 있는 기회를 언제나 열어두고 정보를 꾸준히 전해주는 것이 필요합니다. 지금하고 있는 일을 하면서 내일을 예측하기 어려운 현대에 있어서 미래에 대한 준비를 평소에 하겠다는데 반대할 집사람(남편)은 그리 많지 않을 것입니다.

답변 6   당신에게 간절한 꿈이 있어서 당신이 먼저 스스로 배우고 변화된 모습을 보여준다면, 살을 맞대고 사는 부부로서 궁극적으로는 이해하지 못하거나 무시하지 않을 것입니다. 그러나 아무리 부부라고 해서 일방적으로는 결코 되지 않는다는 점은 알고 있어야 합니다. 불필요한 자존심을 절제하며 서로 존중하고, 미래와 꿈에 대한 의견에 공감대를 형성한다면 당신의 집사람(남편)은 마음이 돌아서게 되어 있습니다. 이를 위해서는 집사람(남편)의 마음이 돌아설 때까지 기다려 주는 인내심을 발휘하면서 사업적인 대화보다는 감성을 바탕으로 하는 사랑으로 다가서면 당신의 집사람(남편)의 문은 열리게 되어 있습니다.

질문 | **돈을 충분히 벌고 있기 때문에 할 필요가 없다**

답변 1 사람들은 다양한 꿈을 갖고 있습니다. 그러나 이러한 꿈들을 좀처럼 이루지 못하고 있습니다. 예를 들어, 돈은 있으면서도 시간이 없는 의사나 변호사와 같은 「부유한 노예」와 시간은 많은데 돈이 없는 실업자와 같은 「가난한 자유인」이 있습니다. 그러나 네트워크 마케팅은 모든 면에서 사람들의 꿈을 실현시켜 줄 수 있는 파워를 갖고 있습니다. 다시 말해서 「부유한 노예」와 「가난한 자유인」을 결합한 「부유한 자유인」이 될 수 있는 것입니다.

답변 2 그럼 당신은 현재 자동차나 집을 사고자 하는 경우에 당신이 원하는 것을 살 수 있습니까? 아니면 당신이 부담할 수 있는 금액 범위에서 사고자 합니까? 그리고 시간적 자유는 어떻습니까? 당신 자신과 가족을 위해서 시간적 자유를 충분하게 누리고 있습니까?

돈도 중요하지만 소중한 가족과 함께 어울리려면 시간적 여유가 무엇보다도 필요합니다. 네트워크 마케팅의 장점은 시간적·경제적 자유를 동시에 가져다 줄 수 있다는 점입니다. 시간과 노동을 더 이상 투입하지 않고서도 혹은 휴가를 즐기고 있는 기간 중에도 지속적으로 발생하는 인세형태의 권리수입을 가지고 있는 모습을 상상해 보기 바랍니다.

답변 3   당신이 경제적으로 여유가 있다고 하더라도, 진정한 의미에서 여유가 있다는 것은 다른 사람에게 베풀어 줄 정도가 되어야 한다고 생각합니다. 네트워크 마케팅의 좋은 점 중에서 하나는 다른 사람을 도와 줄 수 있는 기회를 가질 수 있다는 점입니다. 자신을 위해서 돈을 벌면서, 동시에 다른 사람들에게도 돈을 벌 수 있도록 도와 줄 수 있는 것입니다.

당신이 도와주고 싶은 사람들에게 경제적 기반을 마련할 수 있는 기회를 제공해 주고, 그들이 원하는 것을 얻을 수 있도록 도와줌으로써 당신도 인생에서 원하는 바를 성취할 수 있는 것입니다. 이와 같이 주변 사람들과 함께 풍요로운 삶을 즐길 수 있는 것이 네트워크 마케팅의 세계입니다.

답변 4   많은 사람들이 네트워크 마케팅을 시작하는 중요한 이유 중의 하나는 돈을 벌기 위해서일 것입니다. 또 다른 하나의 이유는 자영사업으로 할 수 있기 때문에 다른 사람의 간섭을 받지 않고, 자신의 노력으로 무한대의 수입을 올릴 수 있는 가능성이 있기 때문입니다. 그래서 많은 사람들이 네트워크 마케팅을 통해서 궁극적으로 개인적인 자유와 자신이 바라는 인생을 즐길 수 있는 것입니다.

이 기회를 통해서 당신이 인생에서 진정으로 무엇을 얻고 싶은가에 대해서 진지하게 생각해 보는 것도 좋다고 생각합니다. 만약 당신이 원하는 만큼의 수입을 얻고 있어도, 지금 하고 있는 일을 좋아하지 않거나 가족과 함께 즐길 수 있는 시간을 갖고 있지 않다면, 네트워크 마케팅을 통해서 당신의 인생을 더욱 훌륭한 것으로 바꿀 수 있습니다.

답변 5   현재 당신이 많은 돈을 벌고 있는 것을 잘 알고 있습니다. 하지만 만약에 당신이 예기치 못했던 불의의 사고를 당하여 일을 못하는 경우에도 그 수입을 보장할 수 있습니까? 또한 지금과 같이 힘들게 일하는 것을 그만두고 계속해서 일을 하지 않으려고 할 때에 생활에 지장이 없을 정도로 재산을 갖고 있습니까?

어느 자동차를 막론하고 트렁크에는 스페어 타이어가 있습니다. 작은 소형차도, 값비싼 중형차도 모두가 만약의 경우를 대비해서 출고시점부터 스페어 타이어가 준비되어 있습니다. 이와 같이 긴 여정의 인생을 살아가면서 인생의 스페어 타이어로써 네트워크 마케팅을 권장하는 것입니다.

질문 | 투자할 돈이 없다

답변 1   당신이 새로운 사업을 하기 위해서 어느 정도의 금액을 투자해야 한다면 할 수 있습니까? 몇 만 원에서 몇 십만 원의 수준이라면, 새로운 사업을 한번 해보고 싶다고 생각합니까? 네트워크 마케팅의 좋은 점은 무자본으로 시작할 수 있다는 점입니다. 그러나 일상적인 활동에 필요한 몇 만원~몇 십 만원 정도의 경비는 필요할 것입니다.

답변 2   사업을 하기 위해 필요한 자본과 같은 것은 네트워크 마케팅 회사에서 이미 투자해 놓았기 때문에 당신이 추가로 투자할 필요가 없습니다. 네트워크 마케팅에서 중요한 투자는 돈이 아니고, 당신의 시간과 노력의 투자입니다.

질문 | 아이가 너무 어리다

답변 1   당신이 무슨 일을 하든 간에 아이와 함께 일을 한다는 것은 쉽지 않을 것입니다. 하지만 네트워크 마케팅은 집에서 아이를 키우는 것과 함께 병행할 수 있는 일입니다. 기본적으로 재택근무가 가능하며 시간을 자유롭게 활용할 수 있어서, 아이를 키우면서도 할 수 있는 일인 것입니다. 주로 아이가 잠을 잘 시간이나, 당신이 아이를 돌보아 주지 않아도 괜찮을 시간에 할 수 있습니다.

답변 2 세상에 어떤 부모든지 자신의 아이들을 사랑할 것입니다. 그리고 이제까지는 항상 아이들의 곁에서 보호해 주는 것이 모성이라고 생각하였습니다. 그러나 너무 지나친 보호는 아이들의 성장을 저해하는 요인이 될 수 있습니다. 단지 아이들이 스스로 성장할 수 있도록 도와 줄 수 있는 역할을 하면 충분한 것입니다.

그리고 매일 아이들의 뒷바라지에만 매달리면 가족의 미래는 누가 보장합니까? "만일 내가 죽고 난 다음에 아이들의 미래가 걱정된다면, 나는 오늘부터 어떻게 살 것인가?"라는 질문을 스스로 해 보기 바랍니다. 그래도 당신은 아이들 곁에서 마냥 시중만 들면서 아무런 조치도 취하지 않고 있을 것입니까?

네트워크 마케팅에서는 당신이 노력한 대가는 아이들에게 상속될 수 있습니다. 또한 일하는 엄마의 모습을 보여줌으로써 아이들에게 많은 것을 경험하게 하고 스스로 자립심을 키울 수 있는 기회도 줄 수 있을 것입니다.

답변 3 직업을 갖기를 원하지만 아이들 때문에 실제로 행동으로 옮기지 못해서 불만에 가득 찬 생활을 하는 엄마는 아이들의 성장에 악영향을 미치게 됩니다. 항상 답답함과 짜증을 느끼는 엄마가 아이들 곁에 붙어 있으면서, 아무리 듣기 좋게 말을 하려해도 아이들에게는 답답하고 짜증이 섞인 감정만이 전달될 뿐입니다.

아이들에게 가장 좋은 엄마는 적은 시간이라도 아이들과 함께 있을 때 진심으로 즐거워할 수 있고 만족스러움을 느낄 수 있는 엄마입니다. 항상 아이들 곁에 함께 있어주지 못하기 때문에 아이들과 함께 있는 시간에는 아이들을 야단치기보다는, 더욱더 보듬어 주게 되고, 한 번을 껴안아주더라도 더 깊고 따뜻하게 껴안아 주게 됩니다.

자연히 아이들은 엄마를 늘 따뜻하게 껴안아주는 사람으로 기억하게 되어, 질적으로 심도 있는 사랑을 나누게 됩니다. 항상 아이들 곁에 있지 않더라도 언제든지 자신을 믿고 보호해 주는 사람이 있다는 안도감을 갖게 한다면, 아이들에게는 그것이 무럭무럭 성장할 수 있는 중요한 양분이 되는 것입니다.

또한 네트워크 마케팅을 하다 보면 다른 사람을 배려하고, 긍정적이며 적극적인 삶의 자세를 갖게 됩니다. 이러한 부모의 자세를 아이들이 옆에서 지켜보면서 인생의 자양분으로서 활용하는 것이 아이들에게 보다 도움이 될 것입니다.

답변 4   우리는 흔히 아이들이 자랄 때 아이들 곁에서 자신의 손으로 직접 보살펴야 한다는 전통적인 자녀관에 집착을 하고 있습니다. 그러나 이는 아이들 곁에서 맴돌지 않으면 아이들을 소홀히 했다는 감정에서 오는 것이지, 일을 하는 것과는 관계가 없는 것입니다.

당신은 아이들을 어떤 아이로 키우고 싶습니까? 당신이 기대하고 있는 아이들로 키우려면 무엇을 하여야 한다고 생각하고 있습니까? 이를 위해서는 무엇보다도 경제적인 여유가 필요할 것입니다. 당신이 경제적 여유를 갖고 싶은 것도 당신이 잘 먹고 잘 살기 위해서라기 보다는 아이들이 잘되기를 원해서일 것입니다.

또한 그렇게 아이들을 소중하게 여기고 있다면, 아이들의 장래를 위해서 아이들이 상속을 받을 수 있는 일이 필요하다고 생각합니다. 현대사회에서 상속되는 것은 별로 없습니다. 대기업의 간부도 사직을 하게 되면, 그때부터 수입이 없게 되고, 의사·변호사·회계사의 자격도 상속되지 않고 본인에게만 유효합니다. 그 어떤 지위나 자격이 상속되는 것은 네트워크 마케팅말고는 없을 것입니다. 당신이 구축한 네트워크는 당신이 소유할 수 있는 인세형태의 권리수입이기 때문에 아이들에게도 상속할 수 있는 것입니다.

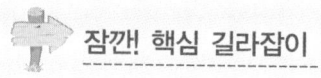

진정으로 아이의 장래를 위한다면, 충분한 교육비 마련이 중요하다

맹모삼천(孟母三遷)이라는 고사성어는 중국에서 유래한 것입니다. 아마도 이를 모르고 있는 한국의 엄마들은 아무도 없을 정도로, 자녀들을 위한 교육열은 세계적으로 유명합니다. 최근에는 자녀들에게 말로만 공부하라고 달달 들볶는 것보다는, 경제적 지원이 무엇보다도 더욱 절실한 시대로 되고 있는 것입니다.

옛날에는 "가난한 집 아이가 공부를 잘 한다"는 이야기가 있었던 시절도 있었습니다. 그러나 이제는 그야말로 옛날 이야기로 되고 있습니다. 과거에는 가난한 집의 아이들이 과외를 하지 않고도, 독학으로 열심히 공부하면 돈을 들이지 않고도 공부를 잘 할 수 있었던「노동집약형」이었습니다.

그러나 이제는 돈이 있어야 공부도 잘 할 수 있는 세상으로 바뀌고 있습니다. "일류대학에 입학한 학생의 부모 중에서 3분의 2가 소득기준으로 중산층 이상"이라는 통계가 이를 증명해 주고 있습니다. 이제는 자녀교육도 많은 돈을 투자하여야 하는「자본집약형」으로 바뀌고 있습니다. 다시 말해서, 자녀교육도 돈이라는 자본을 얼마큼 투자할 수 있느냐에 따라서 결정되는 자본집약형으로 바뀌고 있는 것입니다.

그래서 요즈음 자녀들은 자녀들대로 학원이나 과외공부를 시켜주지 않으면 투덜거리기 일쑤이고, 부모의 입장에서도 그 역할에 한계를 느끼고 있는 것입니다. 값비싼 과외를 시켜주지 못해서 자녀의 능력을 충분히 키워주지 못한다고 생각하는 것입니다. 따라서 자녀들의 성적도 이제는 부모가 얼마나 많은 돈을 갖고 있어, 질 좋고 비싼 과외를 시켜줄 수 있느냐로 결정되는 형태로 되어 가고 있는 것입니다.

최근 경기불황으로 집안 살림이 더욱 빠듯해지고 있는데도, 자녀들의 사교육 비용은 하늘 높은 줄 모르고 치솟고 있습니다. 이를 보충하기 위해서 집안 살림만 하였던 아줌마들이 일터로 나서고 있습니다. 심지어 우유배달, 파출부, 수퍼마켓 점원 등의 일을 하면서 자녀들의 사교육 비용을 충당하고 있는 것입니다.

| 참고자료 | "아줌마 경영학"

질문 | 관심이 없다

답변 1   관심이 없다는 이야기는 아마도 네트워크 마케팅의 비전에 대해서 이해하지 못하고 있기 때문일 수도 있습니다. 당신은 골프에 관심이 있습니까? 만약에 골프의 경기방법을 모르고 해 본 경험이 없었다면 관심이 없다고 할 수 있습니다.

  그러나 당신이 골프의 경기방법을 알고, 그 재미를 알게 되면 골프에 관심을 갖게 될 수 있습니다. 이와 마찬가지로 네트워크 마케팅에 대해서 알아보는 기회를 갖고 나서, 관심이 있는지의 여부를 따져 보아도 늦지 않을 것입니다.

답변 2   당신이 관심을 갖고 있는 분야가 고급 자동차의 드라이브, 골프 치는 것, 그림 그리는 것, 해외여행…… 등 중에서 어떤 것입니까? 그러나 이러한 것들을 하기 위해서는 풍족한 돈과 자유로운 시간이 필요할 것입니다. 당신이 지금하고 있는 일을 하면서 이러한 것들을 할 수 있는 능력을 갖고 있다면 관심이 없어도 상관이 없습니다.

  그러나 당신이 지금 관심을 갖고 있는 것을 돈과 시간 중에서 어느 한가지라도 부족해서 할 수 없다면, 네트워크 마케팅에 대해서 상세히 알아보십시오. 돈과 시간을 모두 가질 수 있다는 비전을 확인하게 되면 틀림없이 당신도 이 사업에 관심을 갖게 될 것입니다.

답변 3 당신의 입장을 충분히 이해하겠습니다. 그렇지만 당신이 알고 있는 주변 사람들 중에서 지금하고 있는 일을 하면서, 추가적인 부수입을 얻고자 하고 있는 사람들이 있을 것입니다. 그런 사람들을 저에게 소개해 주기를 부탁드리겠습니다.

답변 4 잘 알겠습니다. 지금 시점에서 당신에게 모처럼 찾아온 좋은 기회를 살릴 수 없어서 정말로 유감이라고 생각합니다. 그렇지만 앞으로 당신에게 도움을 줄 수 있을 만한 가치가 있는 정보가 있다면, 새로운 자료를 계속해서 보내드려도 괜찮겠습니까?

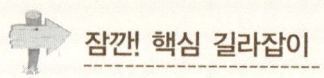 잠깐! 핵심 길라잡이

단 한번의 정보로 결정하는 사람은 없다고 생각해야 한다

어떤 사람이라도 새로운 것을 시도하는 경우에 단 한번의 정보를 듣고서, 바로 그 자리에서 결정을 하지 않습니다. 당신이 다이아몬드 반지를 산다고 가정합시다. 당신이 들른 첫 번째 가게에서 종업원이 추천하는 반지를 덜컥 구입하지는 않을 것입니다. 이 가게, 저 가게를 둘러본 후에 가격도 알아보고 배우자나 친구와도 상의해 보고 결정할 것입니다.

이러한 사례는 당신이 옷을 사거나, 자동차를 사거나, 집을 사거나 모든 경우에서도 마찬가지일 것입니다. 네트워크 마케팅의 경우에도 예외가 없이 마찬가지입니다. 대부분의 사람들이 네트워크 마케팅에 참여하는 계기는 인생에서 몇 번인가의 변화가 있었을 때라고 합니다.

미국의 「National Sales Executive Association」의 연구자료에 의하면, 세일즈의 경우에 첫 번째 만남에서 성공하는 경우는 겨우 2%이고, 두 번째에서 3%, 세 번째에서 5%, 그리고 네 번째에서는 10%라고 합니다. 네트워크 마케팅의 경우에는 일반적으로 7번의 만남이 이루어져야 상대방으로부터 「Yes」를 받는다고 합니다. 이러한 기회를 놓치지 않기 위해서 관심이 없다는 상대방에게 지속적으로 가치 있는 정보를 제공하는 것이 필요합니다.

3

좀 더 상세하게 알고자 하는
사람들의 질문

질문 | **파트타임으로 가능한가?**

답변 1 당신이 자립을 하기 위해서 네트워크 마케팅이 아닌 다른 새로운 사업을 하기 위해서는 상당한 각오가 필요하고, 사업에 필요한 돈도 있어야 하고, 현재 다니고 있는 직장도 그만두어야 할 것입니다. 또한 본업으로서 전적으로 매달려서 모든 시간과 에너지를 투입하지 않으면, 좀처럼 성공을 기대하기 어려울 것입니다.

그러나 네트워크 마케팅은 무자본으로 겸업으로도 충분히 할 수 있습니다. 네트워크 마케팅은 활동시간에 제한을 받지 않기 때문에 현재의 직장을 그만두지 않고 할 수 있습니다. 당신이 자유롭게 선택할 수 있는 시간 중에서 하루에 1~2시간의 파트타임으로 하면서 추가적 수입을 얻을 수 있는 것이 가능한 사업입니다.

답변 2 네트워크 마케팅에 참여하고 있는 많은 사람들은 대부분 다른 직업에도 종사하고 있는 사람들입니다. 당신도 네트워크 마케팅을 통해서 안정된 수입이 생길 때까지 현재 하고 있는 일을 계속하면서 동시에 홈비즈니스로도 할 수 있습니다. 당신이 일반직장에서 근무를 하기 위해서 출퇴근 시간이 정해져 있고, 그 근무시간 동안에는 다른 일을 할 수 없습니다.

그러나 네트워크 마케팅은 활동시간의 제한을 받지 않고, 자신의 페이스에 맞추어서 당신이 원하는 시간에, 원하는 곳에서 할 수 있는 장점을 갖고 있습니다. 저의 경우에도 직장의 근무시간이 끝난 시간이나 주말을 이용해서 할 수 있기 때문에 가능한 것입니다.

답변 3 과거에는 직장을 갖고 있으면서 여유시간을 활용해서 파트타임으로 일을 하고 싶어도 마땅히 할 수 있는 일이 없었습니다. 아무리 파트타임이라고 하더라도 일정한 시간대에 근무를 하여야 하는 조건이 있기 마련입니다.

그러나 당신이 휴대전화를 걸거나, 인터넷을 하는 경우에 항상 일정하게 정해진 시간대에만 할 수 있는 것이 아닐 것입니다. 휴대전화 통화나 인터넷을 직장의 휴식시간이나 아주 밤늦은 시간에 할 수 있는 것 같이, 이 사업도 당신이 편한 시간에 할 수 있는 것입니다. 최근에는 인터넷 등과 같은 정보기술의 혁명에 따른 영향으로 자투리 시간을 활용하여 얼마든지 가능합니다.

답변 4 당신이 부동산 중개업을 하고자 하는 경우에 자격증을 따기 위한 공부를 하여야 하고, 시장조사, 사무실 준비 등에 필요한 여러 가지의 준비를 하여야 합니다. 이와 마찬가지로 네트워크 마케팅도 하나의 사업입니다.

그래서 처음에는 바로 본업으로 시작하기보다는 스폰서가 안내하는 사업 시스템에 대한 공부를 하여야 하는 준비기간이 필요하기 때문에 파트타임으로 할 것을 권장합니다. 다만, 파트타임이라고 해서 아마추어와 같이 취미활동을 하는 것 같이 해서는 안되고, 일주일에 몇 시간이라도 프로의 정신으로 하는 것이 필요합니다.

답변 5 처음에는 본업을 갖고 있으면서 파트타임으로 하는 것이 바람직합니다. 네트워크 마케팅은 연령과 성별에 제한 없이 무자본, 무경험, 무학력으로 누구에게나 사업의 「기회」를 제공하는 것이지, 어떠한 「보장」을 할 수 있는 것이 아닙니다.

이러한 이유 때문에 네트워크 마케팅을 처음으로 시작하는 사람들의 대부분은 파트타임으로 하는 경우가 많습니다. 그래서 현재 당신의 본업에도 충실히 종사하면서 부업으로 시작하는 것이 좋을 것입니다. 그러다가 현재 하는 일에서 얻는 소득 정도의 수준으로 되면 전업으로 전환할 수도 있습니다.

최근에는 인터넷과 택배산업의 발달에 따라서 파트타임으로도 충분히 효율적으로 할 수 있게 되어 있어서, 1주일에 몇 시간 정도의 활동으로부터 시작해서 성공하는 사람들이 많이 있습니다. 다른 직업을 갖고 있으면서 파트타임으로 하는 사람들을 위한 프로그램도 마련되어 있습니다. 당신이 낼 수 있는 시간에 맞춰서 제가 도와줄 수 있습니다.

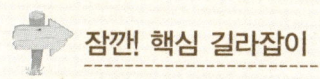 잠깐! 핵심 길라잡이

- 비상용 직업을 준비하는 투잡스(Two Jobs)족

요즘같이 경쟁이 치열하고, 직장의 월급에만 매달릴 수 없는 상태에서 한 가지의 일에 평생을 맡길 수 없습니다. 요즘은 직책 정년제까지 생겨서 은근히 압력이 되고 있습니다. 잘못했다가는 45세 이전에 보따리를 싸야 할지도 모릅니다.

최근에 평생직장의 개념이 점차 소멸되어 가면서, 직장이 바뀌더라도 계속해서 일을 할 수 있는 「평생직업」의 개념이 자리잡는 새로운 변화의 바람이 불고 있습니다. 1인 2직업 시대, 아니 1인 다(多)직업시대가 도래하고 있는 것입니다. 이는 선진국 사회에서는 이미 보편화된 현상입니다.

따라서 샐러리맨들은 자신의 수입원을 다양화하고 있습니다. 다양화란 간단하게 말해서 한 바구니에 달걀을 전부 담지 않는 것입니다. 이는 우리가 가지고 있는 모든 달걀을 한 바구니에 담게 되면 이리저리 부딪치면서 깨질 것을 우려하기 때문입니다. 이와 같이 월급쟁이들은 수입원의 위험을 분산하기 위해서 다양화하고 있는 것입니다.

예전에는 주부들이 파출부, 식당일, 할인매장 점원, 아이 돌보기 등 한정된 일에 머무는데 반해 요즘엔 남성들도 본연의 직업을 하면서 별도로 다른 직업을 갖는 투잡스(Two Jobs)족이 눈에 띄게 많아지고 있습니다. 지속인 경기침체, 잇단 구조조정의 여파로 언제 그만둘지 모를 사태에 대비해 새로운 일을 시도하고 있는 것입니다.

특기할 만한 점은 이러한 추세가 과거 생업에 종사하고 남는 시간을 이용해 아르바이트 형식으로 일하던 형태에서 벗어나 본격적인 두 가지의 직업을 갖는 시대로 돌입하고 있는 것입니다. 퇴근 후의 시간과 주말을 이용하여 현재의 직장을 잃거나 떠난디헤도 걱정이 없는 미래의 비상용 대비책으로 활용하고 있는 것입니다.

또한 생애의 다양한 경험을 하면서 미래를 위한 「자기의 일」을 하게 되어 그 동안 잃어버렸던 자신감을 되찾기도 합니다. 따라서 투잡스는 그 동안 유보해 두었던 자아실현의 통로이자, 절실한 노후 대책이 될 수 있습니다. 이제는 맞벌이 시대를 넘어서 바야흐로 한 사람이 두 가지 이상의 직업을 겹쳐서 갖는 겹벌이 시대가 도래하고 있는 것입니다.

| 참고자료 | "당신은 10년동안 어떻게 보낼 것인가?"

회사라는 마녀에 깊은 정을 두지 않고 인생의 이모작(二毛作)을 준비

앞으로 주 5일 근무제가 확산될 전망입니다. 세계 각국은 1인당 GDP가 약 1만 달러에 도달한 시기에 주 5일 근무를 실시하였으며, 우리도 이제 여건이 성숙되어 있습니다. 주 5일 근무제가 확산되면 근무시간이 일정하지 않은 유연근무시간제(Flexible Time), 근무시간에 관계없이 능력에 따라 보상받는 성과주의가 정착될 것입니다.

주 5일 근무제가 실시되면 일에만 파묻혔던 라이프 스타일이 가족과 여가를 중시하는 쪽으로 이동하고 여가선용이 중요한 생활이슈가 된다고 하는데, 과연 이에 해당되는 사람들이 얼마나 되겠습니까? 시간이 남는다고 해서 과연 놀러 다니며 돈을 쓸 수 있는 사람이 얼마나 될 것 같습니까? 대부분의 사람들은 한 달 동안 쓰는 돈이 항상 부족하다고 느끼고 있을 것입니다. 결국은 돈은 없고, 시간은 많아지는 시대에 어떤 선택을 할 것 같습니까?

최근에 취업전문기관에서 주로 20~30대 직장인을 대상으로 직장인 부업관련 설문조사에서 약 10%가 부업을 하고 있고, 88%가 기회가 된다면 부업을 하고 싶다고 합니다. 이는 부업이 경제적 생존과 성공을 위해서 필수적이라고 인식하고 있는 것입니다. 직장의 급여라는 한 가지 수입원에 매달리고 있었다가는 끝장날 것이 명백하기 때문에 이러한 현상을 보이고 있는 것입니다.

애프터 파이브(After 5) 비즈니스라는 새로운 용어도 탄생하고 있습니다. 5시 이후(퇴근 이후)에 하는 비즈니스를 말하는 것입니다. 회사에서 퇴근한 후에 친구나 동료들과 잡담만이 인생의 전부가 아니라고 하면서 평일은 5시 이후에, 휴일에는 종일 세컨드 잡(Second Job)을 갖는 것을 말합니다. 이들은 "지금 다니고 있는 회사에 평생을 맡길 수 없다"면서 최근에는 회사라는 마녀에 깊은 정을 주지 않고 인생의 이모작(二毛作)을 준비하고 있는 것입니다.

| 참고자료 | "당신은 10년동안 어떻게 보낼 것인가?"

질문 | 쉽게 돈을 벌 수 있나?

답변 1   그 대답은 '당신이 하기에 달려 있다' 입니다. 다만 네트워크 마케팅은 직업이 아니고, 하나의 사업이기 때문에 당신은 자영사업의 사장이 됩니다. 이것은 새로운 경력이고 하나의 사업입니다. 당신이 직장에서 열심히 일을 하지 않아도, 적당히 근무시간을 때워도 매달 급여를 받을 수 있지만 사장은 어떠한 성과에 따라서 보상을 받게 되어 있습니다. 그래서 당신의 사업을 위해서 무엇을 해야할 것인가를 배우고, 실습해야 하며 끊임없는 교육과 자료 확보를 위해서 시간과 노력의 투자를 해야만 합니다.

답변 2   세상에는 공짜가 없습니다. 네트워크 마케팅은 어느 누구라도 차별을 받지 않고 할 수 있지만, 성공이 보장된 것은 아닙니다. 현실적으로 하룻밤 사이에 일확천금이 떨어지는 경우는 없습니다. 어떤 일의 성공을 위해서는 반드시 땀과 인내가 필요하고 정성으로 보낸 시간들이 있어야 합니다.

많은 열매를 딸 수 있는 나무로 키우기 위해서는 작고 연약한 묘목에 끊임없이 생명의 물을 주어야 하듯이, 당신의 꿈과 성공을 이루기 위해서는 우선 당신 자신에 대해서 애정을 가지고 끊임없이 노력이라는 물을 주어야 합니다.

답변 3 모든 인생의 결과가 그냥 생기거나 저절로 얻어지는 것이 존재하지 않는 것과 마찬가지로, 네트워크 마케팅의 경우에도 지금까지 살아왔던 것 이상으로 열심히 노력하여야 한다는 사실만큼은 알고 있어야 합니다. 왜냐하면, 이 세상에서 어떠한 경우에도 정당한 대가를 지불하지 않고 보상을 기대할 수 있는 것이 없기 때문입니다.

물 위를 유유히 떠다니는 것처럼 보이는 물오리도 한 순간을 떠 있기 위해서, 물밑에서 부단히 두 발을 휘젓습니다. 그 습관을 못 기른 물오리는 물에서 살지도 못하고 떠다니지 못하는 것과 같이 어떤 일을 이루고자 한다면 부단한 노력과 투자를 하여야 합니다.

답변 4 네트워크 마케팅은 다른 사업보다는 성공하기 쉽지만, 결코 만만한 사업은 아닙니다. 많은 땀과 인내를 필요로 합니다. 이는 다른 사업에서도 마찬가지일 것입니다. 그러나 다른 사업은 사업을 그만 둘 때까지 노력을 하여야 하지만, 네트워크 마케팅은 사업 초기에 많은 에너지를 쏟아붓고 열심히 노력을 하여 어느 정도의 수준이 되면, 소요되는 에너지가 그리 많지 않은 것이 특징입니다. 그래서 사업초기에 일시적으로 어렵다고 해서 포기해서는 안 되는 것입니다. 정도의 차이는 있지만 대개 2~3년 동안 열심히 한다면, 어느 정도의 안정된 수입을 얻을 수 있을 것입니다.

답변 5 네트워크 마케팅을 그저 취미처럼 생각하고 쉽게 돈을 벌겠다고 한다면, 그것은 잘못 생각하는 것입니다. 사업의 세계에서 「공짜 점심」이란 없듯이 네트워크 마케팅에서 당신이 반드시 성공하리라는 보장은 아무도 할 수 없습니다. 또한 당신이 「빨리 부자가 되는 방법」과 같은 것을 찾는다면 이것 또한 없습니다.

그러나 네트워크 마케팅에서는 자신 스스로가 노력한 만큼의 결과에 대해서는 확실한 보상을 기대할 수 있습니다. 처음 시작하는 사람에게는 쉽지는 않겠지만, 노력한 만큼의 대가는 확실하게 보상을 받을 수 있는 것입니다.

질문 | 너무 어렵다는 생각이 든다

답변 1 우리가 시험 점수를 잘 받기 위해서는 열심히 노력을 하여 공부를 하여야 할 것입니다. 그러나 아주 손쉬운 방법이 있습니다. 시험답안지를 작성하면서 열심히 공부한 사람의 답안지를 컨닝하는 것입니다. 학창시절에는 절대로 다른 사람의 답안지를 컨닝해서는 안된다고 배웠습니다. 하지만 네트워크 마케팅에서는 이미 성공한 사람들의 노하우를 컨닝하여 복제를 해서 열심히 베끼기만 하면 됩니다.

답변 2   처음 시작할 때는 어려울지도 모릅니다. 하는 방법을 모르는 사람에게는 힘들게 느껴지는 것은 당연할 것입니다. 당신이 조그만 음식점을 하려고 하여도 설거지하는 법부터 배워야 하고 이것저것 준비를 하여야 합니다. 네트워크 마케팅도 엄연한 사업의 하나입니다.

그래서 사업을 하기 위한 준비를 하여야 하고 노하우를 배워서 스스로 하는 방법을 터득할 수 있어야 합니다. 처음에는 학생의 신분으로서 세미나 등에 참석하고, 스폰서가 가르쳐 주는 노하우를 배우게 되면 이를 극복할 수 있습니다.

답변 3   이 사업을 시작하자마자 바로 많은 돈을 벌 수 있다는 기대감만을 갖고 과거의 경험을 살려서 자기 방식대로만 한다면, 성과가 오르지 않고 백전백패를 하기 마련입니다. 이러한 사람들에게 사업이 어렵다고 느껴지는 것은 당연할 것입니다. 그러나 성공자들이 안내하는 시스템에서 제공하는 방법을 따르다 보면 사업은 본궤도에 올라서게 되므로, 이보다 안정되고 쉬운 사업은 없을 것입니다.

답변 4 당신이 자동차 운전을 하지 못해서 서울에서 부산까지 걸어서 간다면 그야말로 몇 일이 소요될지 모릅니다. 그러나 자동차를 타고 간다면 몇 시간에 갈 수 있습니다. 네트워크 마케팅은 당신의 인생에 있어서 자동차가 될 수 있습니다.

그러나 자동차 운전을 못해 운전하는 것이 어려워서 걸어가는 것이 편하다고 부산까지 걸어 갈 수는 없을 것입니다. 꿈을 이룰 수 있는 목적지까지 당신을 이끌고 갈 수 있는 수단을 제공하는 네트워크 마케팅에 대해서 먼저 시작한 사람들부터 몇 개월 동안 배운다면 평생동안 편히 지낼 수 있을 것입니다.

질문 │ **나 같은 사람도 성공 할 수 있겠는가?**

답변 1 처음으로 시작하는 사람들의 대부분이 "과연 나도 할 수 있을까?" 하는 우려를 하였습니다. 다른 분야에서도 마찬가지이겠지만, 처음부터 모든 것을 완벽하게 할 수 있는 사람은 없습니다. 당신이 어떤 일이든지 익숙해 질 수 있는 유일한 방법은 그것을 직접 해보는 것입니다.

시행착오를 겪으면서 경험한 실패도 성공을 위한 자산이라고 생각하면서 우선 행동으로 옮겨 보는 것입니다. 네트워크 마케팅은 마라톤 경기에 비유할 수 있습니다. 조급하게 서두르지 말고, 특별한 전문지식이 없이도 당신이 이제까지 살아오면서 생활 속에서 터득한 생활용품에 대한 지식이나, 다른 사람들과의 만남을 활용해서 하나씩, 하나씩 새로운 것을 배워나간다면 얼마든지 할 수 있습니다.

답변 2 새로운 일에 도전하는 경우에 항상 불안하고 자신감이 없는 것은 당연하다고 할 수 있습니다. 당신이 처음에는 비록 아무것도 모르고 있더라도 당신이 처음으로 자전거 타는 방법을 배울 때와 마찬가지로 저를 비롯해서 경험이 풍부한 스폰서들이 뒤에서 지원해주기 때문에 그다지 걱정을 하지 않아도 됩니다.

그리고 많은 세미나나 행사에 참가하면서 한 발짝 한 발짝 다져 나간다면 언젠가는 분명히 무한한 자신감이 생기고 성공의 길을 걷게 될 것입니다. "반드시 성공하고야 말겠다"는 열정적인 자세만 갖추고 있다면 어느 누구라도 가능한 것입니다. 그러나 "하다가 안되면 말지" 하는 생각으로는 성공을 할 수 없습니다.

답변 3 이 사업을 하면서 많은 돈을 투자하거나 잃을 것이 있다면, 매우 심사숙고를 하여야 하고 망설이는 것을 이해할 수 있습니다. 그러나 네트워크 마케팅에서 필요한 것은 자본이나 특별한 세일즈의 재능과 경험 같은 것이 아니고, 시간과 열정을 가지고 따라 하는 것입니다.

평범한 재능과 비범한 인내력을 갖고 있다면, 사업을 위한 매뉴얼과 교육이 준비되어 있고, 개인적 지원을 받을 수 있기 때문에 네트워크 마케팅에 대한 특별한 지식이나 경험이 없어도 얼마든지 가능합니다.

답변 4 당신과 비슷한 처지에 있거나, 당신보다도 어려웠던 많은 사람들이 성공한 사례만 보아도 당신이 성공하지 못할 이유가 없습니다. 과거의 학력이나 경력 그리고 사회적 지위 등은 필요 없고 열정과 인내력만이 필요합니다. 물론 처음에는 시행착오가 있을 수 있습니다.

제가 자전거 타는 법을 배우기 위해서 수도 없이 많이 넘어졌습니다. 만일 넘어지는 것을 두려워해서 도중에 포기를 하였다면 지금과 같이 되지 못했을 것입니다. 이러한 과정과 마찬가지로 성공자들의 노하우를 배우면서 성공에 대한 확신을 가지고 매진한다면 당신도 틀림없이 성공할 수 있습니다.

답변 5 우리가 태어나서 첫 걸음을 떼기까지는 수없이 많이 넘어졌을 것입니다. 이 세상에서 단 한번도 넘어지지 않고 첫걸음을 시작한 사람은 없을 것입니다. 넘어지는 것이 무서워서 일어서려고 하지 않는 아이는 평생 앉아서만 생활하여야 할 것입니다.

그렇지만 사람들은 아무리 넘어져도 결국은 걸음마를 배울 것이라는 점을 잘 알고 있습니다. 언젠가는 혼자서 걸을 수 있다는 사실을 믿고, 그렇게 하다보면 반드시 성공을 할 수 있습니다. 넘어지는 것을 두려워하지 않는다면 당신도 반드시 성공할 수 있는 것입니다.

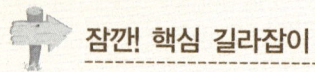 **잠깐! 핵심 길라잡이**

네트워크 마케팅에서 성공하기 위해서 필요한 개인적 요소
- 「성공하고 싶다」는 강한 열망.
- 쉽게 포기하지 않는 지속적인 인내심.
- 거절과 실패를 두려워하지 않는 강한 의지.
- 부족한 면이 있으면 개선하려는 노력.
- 모르는 것은 다른 사람에게 물어보거나, 책과 테이프, 교육을 통해서 배우는 것.
- 문제가 있으면 피하지 않고 극복하는 것.

질문 | 집안 살림만 하던 아줌마도 할 수 있을까?

답변 1   요즈음에는 암탉이 울면, 알을 2배로 낳는다는 말이 있습니다. "아줌마이기 때문에 안된다."고 생각하기 보다는 "아줌마이기 때문에 된다."고 생각할 수도 있습니다. 아줌마 자신들이 다른 사람들의 도움을 받지 않고 독립적으로 삶을 풍요롭게 가꾸어 갈 수 있는 가장 멋진 사업의 분야가 바로 네트워크 마케팅입니다.

아줌마들의 천부적인 기질인 자녀를 보살피고, 다른 사람들과 이야기를 나누는 것을 좋아하는 기질적 특성을 충분히 발휘하면 무한한 성장을 할 수가 있습니다. 이제부터 아줌마들의 삶도 집안 살림에서 터득한 자녀를 위한 교육, 알뜰한 금전관리, 가족을 위한 희생정신, 수다를 통한 정보공유 등의 노하우를 활용하여 네트워크 마케팅을 통해서 돈을 벌 수 있는 기회가 얼마든지 있습니다. 또한 남편의 도움을 전혀 받지 않고 기울어 가는 친정의 가세를 일으켜 세울 수도 있습니다.

답변 2   많은 아줌마들이 네트워크 마케팅을 통해서 경제적 자립을 이루어 내고 있습니다. 이는 아줌마들이 갖고 있는 특성 그 자체가 네트워크 마케팅에서 성공을 가능하게 해주기 때문입니다. 그래서 남녀차별이 없는 네트워크 마케팅에서 아줌마들이 성공을 하지 못할 이유가 없습니다. 이는 아줌마들이 가정의 경영자로서 집안 살림에서 터득한 「아줌마 경영학」을 네트워크 마케팅에서 활용할 수 있는 훌륭한 장점들을 가지고 있기 때문입니다.

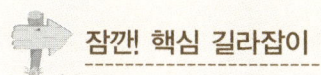 잠깐! 핵심 길라잡이

집안 살림의 경영자로서 터득한 「아줌마 경영학」의 노하우

「아줌마 경영학」이란 아줌마들이 집안 살림을 꾸려나가면서 터득한 집안 살림의 경영기법을 집밖에서 일을 하면서 돈을 버는데 활용할 수 있다는 인식에서 출발하는 것입니다. 가정에서 아줌마들이 하는 집안 살림은 이제까지 소비적인 노동으로만 인식되어 왔습니다. 따라서 이제까지 아줌마들이 집안 살림을 하면서 터득한 가정경영의 노하우를 집밖에서 일을 하면서 돈을 벌 수 있는데 활용할 수 있다는 점에 대해서는 생각하지 못하고 있었던 것입니다.

그러나 한 가정을 꾸려나가는 것은 단순히 식사준비·설거지·세탁 등 가사노동의 차원을 벗어나서, 자녀교육·남편내조·생활비관리·이웃과의 좋은 관계유지 등 다양한 관계와 관리를 요구하는 복잡한 측면을 내포하고 있습니다. 그래서 아줌마들이 이제까지 가정을 경영하고 발전시켰던 집안 살림의 경영자로서 갖고 있는 「아줌마 경영학」의 노하우를 집밖에서 활용하여 돈을 벌 수 있는 방법에 대해서 재조명을 하는 것입니다.

사업을 하거나 기업을 운영하기 위해서 필요한 경영의 노하우는 인재육성, 현장중심의 경영, 철저한 재무관리, 솔선수범하는 리더십, 조직내 원활한 정보공유 등을 들 수 있을 것이다. 그러나 아줌마들은 이러한 경영의 노하우를 이미 집안 살림을 하면서 잠재적으로 보유하고 있는 것입니다.

첫째, 아줌마들은 집안의 발전을 위해서 인재양성의 중요성을 본능적으로 파악하고 있어, 자녀들의 교육에 과감하게 투자를 하고 있습니다.(사업경영의 인재육성에 도움)

둘째, 아줌마들은 직접 집안 살림을 꾸려나가면서 터득한 생생한 생활의 지혜를 바탕으로 현장중심의 가정운영을 하고 있습니다.(사업경영의 현장

중심의 경영에 도움)

셋째, 아줌마들은 항상 빠듯한 수입으로도 빚을 얻거나, 외상으로 물건을 사지 않고 철저하게 현금위주로 알뜰하게 생활을 하고 있어 가정이 경제적으로 파산하지 않도록 기여를 하고 있습니다.(사업경영의 철저한 재무관리에 도움)

넷째, 아줌마들도 맛있는 음식, 좋은 옷을 원하지만, 가족의 행복을 최우선으로 생각하기 때문에 자신의 많은 부분을 포기하고 살아가는 희생정신을 바탕으로 솔선수범하면서 가정을 운영하고 있습니다.(사업경영의 솔선수범하는 리더십에 도움)

다섯째, 아줌마들은 신나게 수다 보따리를 풀어놓으면서 서로의 정보를 공유하기 때문에 커뮤니케이션을 즐기고 정보공유에 익숙합니다.(사업경영의 조직내 원활한 정보공유에 도움)

| 참고자료 | "아줌마 경영학"

질문 | **지금 너는 얼마나 벌고 있나?**

답변 1 이 사업을 높이 평가하는 이유는 투자하는 노력의 양만큼 결과를 가질 수 있기 때문입니다. 지금은 부업으로 이제 막 배우고 있는 중이나, 회사에서 야근할 때의 수당 이상으로 내가 노력한 만큼의 보상은 받고 있습니다.

답변 2 당신이 보기에 제가 돈을 얼마나 벌어야 된다고 생각합니까? 그리고 당신이 이 사업에서 얼마나 벌어야 이 사업을 하겠습니까?

답변 3 현시점에서 제가 돈을 얼마나 벌고 있는지는 그리 중요하다고 생각하지 않습니다. 앞으로의 노력에 따라서 경제적 · 시간적 자유를 누릴 수 있을 만큼의 보상을 받을 가능성이 높다는 것을 자신 있게 말을 할 수 있습니다.

질문 | 왜, 광고를 하지 않는가?

답변 1 사람들은 주변 사람들과 함께 매일, 하루의 일과 생활 중에 서로 제품을 광고선전을 하고 있습니다. 예를 들어 당신이 맛있었던 음식점에 가보았다면, 그 음식점에 대해서 칭찬을 할 것입니다. 사람들은 다른 사람이 어떤 것에 대해서 칭찬을 하게 되면 상당한 호감을 갖고 듣게 되어 있습니다. 그래서 그 음식점은 매스컴에 광고선전을 하지 않더라도 자연스럽게 매상이 올라 갈 것입니다.

그렇다고 해서 당신의 입소문으로 찾아간 친구들이 먹은 저녁 식사비에 따른 커미션을 식당 주인이 당신에게 지불하는 것은 아닐 것입니다. 물론 당신도 보상받을 생각도 전혀 하지 않았을 것입니다. 그러나 네트워크 마케팅에서는 이렇게 걸어다니는 광고탑의 역할을 해주고 있는 소비자에게 매스컴에 지불할 광고선전비를 환원시켜 줍니다.

답변 2 네트워크 마케팅의 제품은 입소문을 통해서 광고선전이 되기 때문에 제품의 품질을 중요시합니다. 만약에 제품이 소비자로부터 외면당하게 되면, 입소문으로 광고선전이 되지 않을 것입니다. 그래서 TV, 라디오, 잡지, 신문의 광고 및 모델 비용 등 광고선전에 쏟아 넣을 자금을 제품의 연구개발에 투자하여 좋은 제품을 만들고 소비자에게 환원시켜 주는 것입니다.

또한 좋은 제품에 만족하여 회원으로 등록한 고정 회원들이 할인된 가격으로 매월 지속적으로 구매를 하기 때문에 고정적인 매출을 올릴 수 있습니다. 이러한 이유로 해서 구태여 광고선전을 하지 않아도 얼마든지 고정적인 유통망을 확보할 수 있고, 제품이 유통되기 때문에 광고선전을 하지 않는 것입니다.

질문 | **가입비를 받거나, 도중에 그만두면 위약금과 같은 손해는 없는가?**

답변 1 전혀 없습니다. 회원으로 가입 신청을 할 때에 가입비라든가 등록비 등과 같은 것을 내지 않기 때문에 언제든지 탈퇴해도 손해는 없습니다. 그야말로 밑져야 본전입니다. 다만 탈퇴했을 경우 당신이 손해를 보는 것은 좋은 제품을 회원가격으로 구매할 수 있는 혜택이 없어지는 것뿐입니다.

답변 2 네트워크 마케팅에서 가입비를 받거나 제품을 강매하는 등 가입회원에게 어떠한 형태든지 의무를 부과하는 행위는 소비자의 권익을 보호하고 시장의 신뢰도의 제고를 위해서 제정된 「방문판매 등에 관한 법률」에 따라서 불법이 되므로 이러한 행위가 발견하면 즉시 각 지방단체의 소비자보호과에 신고하여 주기 바랍니다.

또한 소비자의 가입·철회 등의 권리행사에 따라 발생하는 대금 환급의무의 불이행 또는 제품 등의 공급 의무 불이행으로 인한 피해를 보상해 주는 소비자피해 보상보험제도가 2003년 1월부터 시행되고 있습니다. 따라서 네트워크 마케팅 회사는 공정거래위원회의 인가를 받은 공제조합에 의무적으로 가입하여 소비자의 권익을 보호해 주고 있습니다.

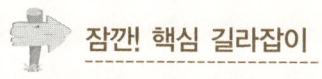 잠깐! 핵심 길라잡이

방문판매 등에 관한 법률의 제1조(목적) 내용
 이 법은 방문판매, 전화권유판매, 다단계판매, 계속거래 및 사업권유거래 등에 의한 재화 또는 용역의 공정한 거래에 관한 사항을 규정함으로써 소비자의 권익을 보호하고 시장의 신뢰도의 제고를 통하여 국민경제의 건전한 발전에 이바지함을 목적으로 한다.

네트워크 마케팅의 소비자피해 보상제도
 • 도입취지
 네트워크 마케팅을 통해서 제품구입의 계약을 체결한 소비자가 구매의 철회 또는 계약을 해제하였으나 제품대금을 환불받지 못한 경우에 공제조합이나 보험회사로부터 제품 대금의 전부 또는 일부를 보상받을 수 있는 제도이다.

 • 보험가입
 현재 또는 신규로 네트워크 마케팅(다단계 판매) 업체로 등록하는 경우에는 의무적으로 가입하여야 한다.

 • 보험 혜택 대상자
 네트워크 마케팅을 통해서 제품에 대한 전문적인 지식을 갖지 아니하고 제품을 구입한 소비자, 그리고 사실상 다른 소비자와 동일한 지위·조건으로 제품을 구입하는 사업자

- **보험금 지급사유**

　소비자가 제품을 구매한 후에 제품을 공급받지 못하고 대금환불을 받지 못한 경우, 또는 소비자가 구매계약의 철회를 하였음에도 불구하고 대금환불을 받지 못하는 경우에는 공제조합이나 보험회사로부터 보험금을 지급받을 수 있다.

- **보험 범위**

　네트워크 마케팅을 통해서 제품을 구입한 소비자는 200만원 한도 내에서 공제조합 또는 보험회사로부터 법정 환불금의 90%(미성년자 또는 60세 이상인 경우에는 100%)이상을 보상 받을 수 있다.

　사업자는 500만원 한도 내에서 법정 환불금액의 70%이상을 보상받는다. 네트워크 마케팅 회사가 환급금 지급을 3영업일 이상 지연할 경우에는 지연이자율을 연리 24%로 정함으로써 환불지연에 대한 보상을 받을 수 있다.

- **공제조합**

　직접판매공제조합(http://www.dsmac.or.kr)
　한국특수판매공제조합(http://www.mlmunion.or.kr)